Was will ich wirklich im Leben?

30 Mutmach-Geschichten für Dich

Sandra Liane Braun
(Herausgeberin)

IMPRESSUM

www.sandralianebraun.de

Umschlaggestaltung: Sandra Liane Braun

Foto Buchcover:
© stock.adobe.com, oneinchpunch, ID 188948342

Urheberrechte Einzelfotos:
Seite 46: www.der-gottwald.de | Seite 59: Marlene Mondorf |
Seite 136: Claudia Fahlbusch | Seite 214: Ramona Appenzeller|
Seite 220: Karin Lohberger Photography | Seite 226: Anja Menzel Fotografie

Im Buch finden sich zum Teil Links, die auf andere Webseiten führen. Details zur diesbezüglichen Haftung und zum Datenschutz finden sich am Ende des Buches.

INHALTSVERZEICHNIS

EIN WORT ZUVOR

„In 20 Jahren wirst du mehr enttäuscht sein über die Dinge, die du nicht getan hast, als über die Dinge, die du getan hast. Also löse die Knoten, laufe aus dem sicheren Hafen. Erfasse die Passatwinde mit deinen Segeln. Erforsche. Träume."
(Mark Twain)

Hast du das Gefühl, dass du irgendwann auf deinem Lebensweg deine Träume verloren hast? Oder sogar dich selbst? Fragst du dich immer öfter „Was will ich?" und „Was will ich wirklich?". Du hast möglicherweise keine Ziele mehr. Du fühlst dich orientierungslos, hilflos, spürst Leidensdruck, siehst dich in einer Sackgasse und hast keine Ahnung, wie du da herauskommen sollst? Vielleicht fragst du dich auch einfach nur: „Was hält das Leben noch für mich bereit?"
Manche Menschen glauben von sich, dass sie nicht mutig sind. Doch was heißt Mut überhaupt? Ist Mutig sein ein Bungee-Jump vom Verzasca Damm in der Schweiz? Für den Einen ja und der Andere lächelt nur milde darüber, weil er es schon fünf Mal gemacht hat. Fühlst du dich mutlos den sicheren Angestellten-Job zu kündigen, um dir deinen Traum der Selbständigkeit zu erfüllen? Siehst du um dich herum nur Menschen, die „viel mutiger sind" als du selbst?
So erlebe ich immer wieder meine Kunden, wenn sie sich bei mir melden, um mit mir zusammenzuarbeiten. Und so ist der Wunsch in mir entstanden, dass ich Menschen „Mutmach-Geschichten" schreiben möchte.
Ich möchte dir zeigen, dass auch andere Menschen aus Orientierungslosigkeit, vermeintlich mutlos, ihren Weg gegangen sind und heute das Leben leben, das es sich für sie zu leben lohnt. Mir wurde bewusst, dass ich das nicht alleine tun kann, denn du hast Deine Geschichte. Ich habe

meine Geschichte. Jeder von uns hat seine ganz eigene und individuelle Geschichte. Und jeder von uns geht mit Schicksalsschlägen, Veränderungen, Krisen und Stolpersteinen anders um. Bis wir die Lösung für unseren (neuen) Weg gefunden haben.

Diese 30 Lebensgeschichten von ganz unterschiedlichen Menschen mögen dir Ideen schenken, Möglichkeiten zeigen, Orientierung geben und vor allem: Mut machen!
Hier erzählen Menschen wie du und ich. Und weil ich schon ein paar Mal von Menschen hörte „Ach ihr Coaches seid immer so toll reflektiert“ (was übrigens nicht davor schützt auch mutlos oder orientierungslos zu sein), war es mir wichtig, dass hier nicht nur Coaches schreiben. Hier erzählt die Industriekauffrau, die Reiseverkehrskauffrau, die Pharmareferentin, die Ernährungsberaterin, ein Trau- und Trauerredner, die Ärztin, eine Wissenschaftlerin, die heute Heilerin ist und viele andere mehr. Ich freue mich, dass auch zwei Männer mit an Bord sind. Das „starke Geschlecht“ ist vor allem auch eins: Mensch. Und ich bin sehr glücklich darüber, dass ebenso viele Männer wie Frauen den Weg zu mir ins Coaching finden.

Ich wünsche Dir beim Lesen ein gutes Gefühl. Erlaube Dir das Träumen.

Herzliche Grüße

Sandra Liane Braun

Hinweis:
Die „geschlechtlich korrekte Ansprache“: Ich selbst finde das Lesen äußerst kompliziert wenn beide Geschlechter angesprochen sind. Erlaube mir daher bitte, die einfache männliche Form und fühle dich als Frau ebenso angesprochen und respektiert.

Christine Boßmann-Weirich

Aufgeben ist keine Option!

Jeder ist für sich selbst verantwortlich und sollte darum kämpfen, ein glückliches und zufriedenes Leben führen zu können. Höre auf deinen Körper, denn er zeigt dir wenn etwas im Argen ist und dem solltest du nachgehen bis die Ursache gefunden ist.

Wie schaffe ich es, die Hürden des Alltags zu überwinden?

Hier erzähle ich dir gerne meine "Mutmach-Geschichte". Sie hilft dir hoffentlich dabei, den Kopf aufrecht zu halten und dich für die richtige Richtung zu entscheiden.
Ich bin jetzt 47 Jahre alt und arbeite seit 28 Jahren in meinem Traumberuf als Reiseverkehrskauffrau. Wenn es nach dem Berufsinformationszentrum gegangen wäre, wäre ich jetzt Schreinerin. Nichts gegen den Beruf des Schreiners – für mich wäre er allerdings nichts gewesen.
Damals hieß es beim Informationsgespräch kurz vor meinem Abitur, dass ich niemals eine Ausbildungsstelle im Reisebüro bekommen würde. Ich solle mich lieber als Schreiner bewerben, denn die würden gesucht. Trotzdem habe ich mich in meinem Traumberuf beworben und auch sofort eine Zusage erhalten.

Seit etwa 1988 habe ich die Symptome einer Autoimmun-Erkrankung, die aber erst 2004 zufällig diagnostiziert wurde. Es ist das Sjögren-Syndrom – eine Kollagenose *(Bindegewebserkrankung – Anmerkung der Herausgeberin)*. Es zerstört nach und nach mein Drüsengewebe im ganzen Körper in Schüben. Als ich diese Diagnose bekam fiel ich zuerst in ein ganz tiefes Loch. Das Internet half mir auch nicht viel weiter, sondern versetzte mich noch mehr in Angst und Schrecken. Zum Glück steht mein

Mann hinter mir und unterstützt mich wenn ich mal nicht so kann wie ich gerne möchte.

Ungefähr seit der gleichen Zeit der Symptome des Sjögren-Syndroms hatte ich ständige Darmprobleme mit Durchfall, Blähbauch, starken Bauchkrämpfen und einem ständig entzündeten Gefühl im Darm. Alle Ärzte, die ich darauf ansprach, empfahlen mir nur, dass ich meinen Stress abbauen soll. Auf die schlechten Blutwerte hatte niemand eine Antwort.
Nach der zufälligen Diagnose 2004 sagte man mir, dass ich wohl keine Kinder bekommen könne, da mein Immunsystem die befruchtete Eizelle sehr wahrscheinlich abstoßen würde. Mit meinem Mann beschloss ich 2006, es trotzdem zu versuchen und drei Monate später war ich schwanger. Zum Glück ging auch während der Schwangerschaft alles gut und wir haben eine gesunde Tochter.

Von 2012 bis im Juni 2019 musste ich diverse, sehr starke nichtsteroidale Antirheumatika einnehmen, da ich einen Rheumaschub mit einer Schultersteife hatte. Auf jedes dieser Medikamente reagierte ich mit starken Nebenwirkungen. Das ging von Halluzinationen bis noch stärkerer ständiger Übelkeit, Blähbauch oder starkem Hautausschlag.
Seit Juni 2019 verweigere ich die Einnahme, da meine Blutwerte und mein Befinden sich wesentlich verbessert haben. Meine Rheumatologin ist mittlerweile damit einverstanden, da sich die Werte nicht verschlechtern – drücke mir bitte die Daumen, dass es auch so bleibt!

Warum geht es mir jetzt besser als die 30 Jahre zuvor?

Dass sich mein Befinden so verbessert hat, hat aber auch andere Gründe: Und zwar habe ich angefangen, auf meinen Körper zu hören. Und so ist

mir aufgefallen, dass ich morgens meist kaum Beschwerden hatte. Allerdings fingen diese sofort nach dem Frühstück an und bauten sich am Tag mit starken Schmerzen und einem Blähbauch, wie im achten Monat, auf. Einen Arzt sprach ich mal darauf an. Er machte einen Ultraschall vom Darm und bemerkte nur, dass ich Unmengen an Luft darin hatte. Da könne man nichts machen. Das käme eventuell von den Medikamenten, die ich nehmen müsse.
Im Sommer 2018 hatte ich dann mit meiner Familie Muscheln gegessen. Nach drei Tagen war ich sterbenskrank mit über 40 Grad Fieber. Mein Arzt meinte, dies sei wohl eine Lebensmittel-Vergiftung mit Leberentzündung. Komisch nur, dass niemand aus meiner Familie außer mir krank war, obwohl wir alle das Gleiche gegessen hatten. Ich konnte beinahe nichts essen und trinken, weil es mir so schlecht ging. Nach einer weiteren Woche fing eine Magen-Darm-Geschichte an, die mich noch mehr dehydrierte. Daraufhin wurde ich ins Krankenhaus eingeliefert, wo ich vier Tage bleiben musste. Nach weiteren zwei Wochen konnte ich mich endlich wieder von allein auf den Beinen halten.

Als es mir besser ging machte ich mich im Internet auf die Suche nach meinen ständigen Symptomen. Daraufhin sprach ich erneut mit meinem Arzt und bat darum, auf diverse Unverträglichkeiten getestet zu werden. Bei ihm in der Praxis wurde ein Bluttest auf Laktose-Intoleranz gemacht, der allerdings negativ ausfiel.
Wegen der Muschel-Geschichte fiel ihm dann ein, dass Muscheln sehr viel Histamin haben. Im Gespräch kam heraus, dass ich wohl auch auf Rotwein und histaminhaltige Lebensmittel mit Bauchschmerzen reagiere. Daraufhin wurde ich zum Gastroenterologen überwiesen. Dort wurde ein Bluttest auf Histamin- und ein Atemtest auf Fructoseintoleranz gemacht.

Während des Fructosetests ging es mir nicht gut. Ich hatte Schwindel und ein benommenes Gefühl, aber in der Praxis wurde ich nur damit abgespeist, dass das nicht damit zusammenhängen könne. Das Ergebnis stieg von 0 am Anfang des Tests auf den Wert 42. Da ich aber keine Magen-Darm-Probleme hatte wurde der Test negativ gewertet. Mittlerweile weiß ich, dass ein Anstieg um 20 Punkte ein positives Testergebnis bedeutet – egal ob Beschwerden dabei auftreten oder nicht. Diese können auch erst innerhalb von 72 Stunden in Erscheinung treten.
Der Bluttest wegen der Histamin-Intoleranz fiel auch nicht aussagekräftig aus und lag bei 6,3. Dieser Wert bedeutet, dass ich sehr wahrscheinlich eine HIT (Histamin-Intoleranz) habe, aber es nicht definitiv bestätigt werden kann.

Der Wendepunkt

Mit den Ergebnissen ging ich erneut zu meinem Arzt, der dann meinte, dass ich wohl keine Unverträglichkeiten habe. Auf mein Drängen hin wurden mir trotzdem zwei Termine bei einer Ernährungsberatung aufgeschrieben. Und das war mein großes Glück!
Durch einen großen Darmcheck wurde festgestellt, dass ich einige "falsche" Bakterien im Darm habe, die dort nicht in den Mengen hingehören wie es bei mir der Fall ist. Auch waren einige andere Werte nicht gut und die Auswertung empfahl mir eine Magen- und Darmspiegelung, um organische Ursachen auszuschließen. Zum Glück ergaben diese Untersuchungen keine Auffälligkeiten.
Hätte ich klein beigegeben, dann hätte ich wahrscheinlich immer noch meine Magen-Darm-Probleme mit den Krämpfen, Schmerzen, Durchfällen, dem Blähbauch und dem ständigen Unwohlsein.
Ich habe eine sehr gute Ernährungsberaterin gefunden, die mich auf meinem Weg begleitet. Von ihr habe ich gelernt, ein Ernährungs-Symptom-

Tagebuch zu führen und eine Karenzzeit zu machen. Bereits zwei Wochen nach dem ersten Besuch bei ihr ging es mir, durch die Histamin-Auslassdiät, schon viel besser.
Durch die histaminarme Ernährung und das Ernährungs-Symptom-Tagebuch habe ich selbst herausgefunden, dass ich wohl doch ein Problem mit Fructose habe. Daraufhin ging ich zu einem Ernährungsmediziner, der den Test wiederholte. Natürlich war dieser (wieder) positiv. Beim Blick auf das erste Testergebnis schüttelte er nur den Kopf, denn Schwindel und Benommenheit sind definitiv Symptome einer Fructose-Intoleranz.
Manchmal hatte ich immer noch Beschwerden nach dem Essen von eigentlich verträglichem Obst. Daraufhin schnappte ich mir wieder mein Ernährungs-Symptom-Protokoll und fand selbst heraus, dass ich auch auf Sorbit reagiere.
Meist ging es mir gut seitdem ich mich histamin-, fructose- und sorbitarm ernähre. Allerdings hatte ich teilweise immer noch Probleme, die ich nicht zuordnen konnte. Obwohl ich mich strikt an die Ernährungsvorgaben hielt, hatte ich immer noch dieses entzündete Gefühl im Darm.

Um Weihnachten 2019 hatte ich mir vorgenommen, dass ich im kommenden Jahr dem Übel auf den Grund gehe. Es gibt einen Arzt im Saarland, der sich sehr gut mit Histamin-Intoleranz und weiteren, eher nicht geläufigen und seltenen Erkrankungen in dieser Richtung, auskennt. Er ist ein Privatarzt und man muss alle Untersuchungen selbst zahlen. Dies war es mir allerdings wert und es wurden unzählige Blut-, Urin- und Stuhltests veranlasst.
Hierbei kam heraus, dass ich ein Leaky-Gut-Syndrom (*Syndrom des durchlässigen Darms – Anmerkung der Herausgeberin)* habe. Seitdem ich auch dies in Angriff genommen habe, geht es mir fast jeden Tag sehr gut. Ich habe das Gefühl, dass meine Auswahl an verträglichen Lebensmitteln

zugenommen hat. Der Arzt sagte mir zwar, dass meine Intoleranzen sehr wahrscheinlich bleiben, aber damit komme ich gut klar.

Damit es mir gut geht muss ich trotzdem täglich an mir arbeiten und sehr streng auf meine Ernährung achten – noch mehr als vorher. Ich esse weniger Gluten und Laktose und achte auf die sogenannten FODMAPs (das sind schwer vergärbare Kohlehydrate), was meinen Speiseplan nochmal etwas einschränkt. Auch nehme ich viele Nahrungsergänzungsmittel wie Vitamine und Aminosäuren ein, damit mein Körper funktionieren kann. Durch die etwas einseitigere Ernährung erhält mein Körper ohne diese Mittel zu wenig erforderliche Nährstoffe. Auch die Autoimmunerkrankung verbraucht mehr davon als wenn ich gesund wäre.
Ich teste sehr viel selbst aus, da sich die Ärzte mit meinen Erkrankungen nicht wirklich auskennen und erst recht nicht in der Kombination. Jeder schaut nur auf seine Fachrichtung und ich werde nicht ganzheitlich betrachtet.
Zum Beispiel habe ich selbst herausfinden müssen, dass ich zu wenig Magensäure habe und wohl deswegen meine Eiweißverdauung und somit auch die Aufnahme gestört sind. Also nehme ich zu jeden Mahlzeiten Betain HCL ein, das ist eine Tablette mit Magensäure.
Da mein Körper sehr auf Stress reagiert und dabei extrem viel Histamin aus meinen Mastzellen ausschüttet, brauche ich viel mehr Auszeiten als früher, damit es mir gut geht. Ich versuche, jeden Tag größere Pausen einzulegen und mich dabei zu entspannen. Das klappt mal besser, mal schlechter.

Auch Sport gehört dazu, allerdings darf ich mich nicht zu sehr dabei anstrengen, da mich ansonsten das Histamin überflutet und ich Kreislaufprobleme und Übelkeit davon bekommen kann. Wir haben uns jetzt E-Bikes zugelegt. So kann ich mich (meist) entspannt bewegen und komme trotzdem an die frische Luft. Die Mitgliedschaft im Fitnessstudio habe ich

im Januar 2020 gekündigt, da ich danach immer total fertig war und mein Tag gelaufen war.
Früher habe ich Karate gemacht, nach langer Pause habe ich jetzt mit WingTsung angefangen und es tut mir gut wenn ich es nicht übertreibe.
Vor den Einschränkungen durch die Corona-Pandemie, war ich auch öfter im Qi Gong, dies wird zurzeit allerdings nicht angeboten. Das tat mir immer sehr gut.

Gerne entspanne ich auch bei Progressiver Muskelentspannung nach Jacobson. Diese habe ich letztes Jahr in der Reha kennen gelernt. Andere Entspannungsmethoden wie Autogenes Training und Meditation liegen mir nicht so gut. Für jeden ist aber etwas dabei, manchmal muss man nur ein bisschen testen was passt.

Ich durchforste, immer wenn ich Zeit habe, das Internet nach leckeren Rezepten und überlege ob ich sie für mich verträglich, aber trotzdem lecker abwandeln kann. Dann teste ich sie aus. Nicht jedes Mal klappt es so wie ich es mir vorstelle, aber meistens schon. Meine Familie muss da durch, darf aber natürlich auch Sachen essen, die bei mir nicht gehen.

Mittlerweile habe ich einen gut angenommen Foodblog, der sich mit dem Thema befasst. Seit der Corona-Pandemie läuft es in meiner ursprünglichen Branche nicht rund – das ist kein Geheimnis. Meine Kolleginnen und ich sind bis Ende September 2020 in Kurzarbeit. Da ich sowieso nur Teilzeit arbeite, bin ich jetzt noch öfter zuhause.
Aus diesem Grund und weil mich das Thema interessiert, habe ich mir im Mai 2020 ein Herz gefasst (Sandra Liane Braun hat mich in einem nachbarschaftlichen Gespräch auch darin bestärkt) und mich zu einem Zertifikat zur Ernährungsberaterin angemeldet. Die Prüfung habe ich mittler-

weile bestanden. Gerne möchte ich anderen Betroffenen meine Hilfe anbieten und sie auf ihrem Weg begleiten. Wenn du hier Probleme hast melde dich gerne bei mir, ich kann dir bestimmt helfen.

Trotz der vielen Einschränkungen bin ich mit meinem Leben glücklich und zufrieden. Ich mache einfach das Beste daraus!

Ich hoffe, du kannst für dich aus meinem Kapitel etwas Positives ziehen und ich konnte dir etwas Mut machen.

Mein Motto lautet: Aufstehen und Krönchen richten! Trau dich, es geht immer weiter!

Liebe Grüße
Christine

Die Autorin

Christine plagte sich Jahrzehnte lang mit diffusen Bauchschmerzen und diversen anderen Symptomen wie Schwindel und Brainfog. Nur durch ihre Hartnäckigkeit den Ärzten gegenüber wurde diagnostiziert, dass sie unter einer Histamin-, Fructose- und Sorbit-Intoleranz leidet. Seitdem ernährt sie sich dementsprechend und hat ihren eigenen Foodblog mit Tipps und Rezepten ins Leben gerufen. Sie ist zudem lizensierte Ernährungsberaterin und bietet sowohl Ernährungsberatung als auch Einkaufs-Coachings bei diversen Intoleranzen an.

Blog: www.histaminhexe.de
Instagram: www.instagram.de/histamin_hexe
Facebook: www.facebook.com/histaminhexe

Sandra Liane Braun

Wie du deine Träume mutig verwirklichst – auch wenn du nicht mehr daran glaubst

Dieses Kapitel erzählt eine Geschichte, die Sandra sehr geprägt hat. An weiteren Beispielen zeigt sie, wie sich frühe Erfahrungen als Glaubenssätze manifestieren und dich im Denken, Fühlen und Handeln blockieren können. Am Ende findest du acht Fragen als Impuls und zur Selbstreflexion. Dieses Kapitel ist nicht für dich, wenn du an deinem Glauben „Das Leben ist kein Wunschkonzert" festhalten möchtest. Denn Sandra weiß, dass sich dann nie etwas verändern wird.

Du darfst groß träumen

„Du darfst groß träumen!", sagte mein Coach zu mir und in diesem Moment suchten Tränen sich ihren Weg nach draußen. Gleichzeitig verwandelte sich mein ungläubiges Gesicht in ein lächelndes. Ich weinte und lachte zugleich. Und in diesem Moment wurde mir bewusst, dass mir das noch nie jemand erlaubt hatte. Die Erlaubnis, groß zu träumen. Und ich spürte direkt, wer dieser jemand war: Ich selbst. Keine andere als ich selbst hat mir jemals die Erlaubnis gegeben, groß zu träumen. Ja überhaupt zu träumen. Träumen stand mir nicht zu.
Und du? Erlaubst du dir zu träumen? Bitte komme jetzt nicht mit Sätzen wie „Das Leben ist kein Wunschkonzert" und auch kein „Ponyhof"! Wenn du dich jetzt ertappt fühlst, dann ist dieser Artikel für dich genau richtig. Denn mit diesem Glauben an dein Leben wird es ein trauriges und tristes Dasein.
Mein eigenes Leben war geprägt von Anstrengung und Starksein. „Wenn ich mich nur immer genug anstrenge, dann werde ich ..." Der Satz lässt

sich beliebig zu Ende führen: „... gute Noten schreiben“ oder „... die beste Prüfung von allen schreiben“ oder „... erfolgreich“ und „... genug Geld für meinen Lebensunterhalt verdienen.“ Ein sehr tief sitzender Glaubenssatz, der mir viel zu lang im Leben nicht bewusst war.

Dann bist du eben zu blöd dazu!

Ich war eine gute Schülerin. In Deutsch, Musik, Kunst, Sport, Religion eine Einser-Kandidatin. Biologie, Geschichte, Erdkunde fand ich total spannend und war wissbegierig. Am liebsten hätte ich die Lehrer mit Fragen gelöchert und diskutiert – heute weiß ich (dank Pädagogik-Studium), dass ich ein visueller, haptischer und kommunikativer Lerntyp bin. Das hat leider nicht in die Schulform gepasst. Stures lernen und auf Abruf wiederkäuen (in Form von Klassenarbeiten) fand ich anstrengend und wenig lustvoll. Es reichte für Noten zwischen gut und befriedigend. Und dann war da Mathe: Bis heute mein Trauma. Ich strengte mich an bis zum Erbrechen. Mein Verschleiß an Mathe-Nachhilfelehrern war hoch. Ich frage mich heute, wer in diesen Stunden mehr verzweifelt ist: Diese „megaintelligenten Menschen“, die sie für mich waren (nur weil sie Mathe beherrschten), oder ich, die trotz aller Anstrengungen nicht mehr auf die Reihe brachte, als konsequent meine Note in Mathe zu halten: Mangelhaft. Setzen! Ich strengte mich immer mehr an. Ich wollte es ihnen allen zeigen: Meinen Mathelehrern, den Nachhilfelehrern, meinen Mitschülern (der eine Teil lachte mich aus und der andere Teil bemitleidete mich), meinen Eltern (die mir nie Druck machten, nur viel Geld für die Nachhilfe zahlten) und vor allem: mir selbst.
Als mein Mathelehrer ein neues Thema an der Tafel erklärte und ich schon wieder ab einer gewissen Stelle nichts mehr verstand, nahm ich all meinen Mut zusammen und erhob den rechten Zeigefinger. „Ja, Sandra?“, fragte der Lehrer, schon leicht genervt wirkend. Ich (guter Tag und sehr mutig): „Herr Sauer, können Sie die letzten beiden Schritte

nochmal erklären, ich habe es leider nicht verstanden." Herr Sauer verdrehte die Augen, lehnte sich süffisant grinsend mit dem linken Arm an die Tafel und sprach laut vor der ganzen Klasse: „Tja Sandra, wenn du das nicht verstehst, bist du eben zu blöd dazu!"
Bäääähhhm! Das saß. Es tut immer noch weh, während ich das schreibe. Das war in der achten Klasse.

Welche Geschichte fällt dir aus deinem Leben ein? Was ist dir passiert und was davon beeinflusst dich bis heute?

Ich habe mich so sehr angestrengt, doch nichts half. Die folgende Klassenarbeit war eine ungenügend. Klar: Ich war ja zu blöd dazu. Ich habe das damals geglaubt und ich habe es noch sehr viele Jahre danach geglaubt.
Ich blieb stark. Bloß nicht anmerken lassen, dass die Tränen am Rande des Austrittskanals standen.
Diese Geschichte, die sich tatsächlich so ereignet hat, steht als ein Beispiel für Erlebnisse in Kindheit und jungem Teenager-Alter, die dich massiv prägen. Schon früh habe ich gelernt, dass ich nur unter Anstrengung Ziele erreichen kann und dass ich immer stark sein muss, damit ich weder ausgelacht noch gehänselt werde.
Kennst du das auch? Bloß keine Emotionen zeigen, stark sein, Zähne zusammenbeißen, Augen zu und durch. Schon früh war mir klar: So ist das Leben. So und nicht anders. Da ist kein Platz zum Träumen.

Mache deine Eltern nicht für dein Leben verantwortlich

Ich wuchs als Kind in einem liebevollen Elternhaus auf. Problematisch war die finanzielle Situation meiner noch jungen Eltern. Mein Vater, der als sehr fleißiger Handwerker jahrelang über die Wintermonate entlassen wurde – in den siebziger und Anfang der achtziger Jahre eine gängige

Praxis der Bauunternehmen, die in diesen Monaten witterungsbedingte Auftragsrückgänge zu verzeichnen hatten. Als meine Eltern sich trennten, wurde die finanzielle Lage noch angespannter. „Das können wir uns nicht leisten", war ein Satz, mit dem ich aufgewachsen bin.
Und so verfestigte sich ein weiterer Glaubenssatz: Wenn ich auch nur ansatzweise zu träumen anfing, meldete sich aus dem Inneren diese laute Stimme: „Das kannst du dir nicht leisten!"
So erstickte ich jeden minimalen Traum im Kern.

Deine Eltern (und andere an deiner Erziehung beteiligte) geben dir Gebote, Regeln, Verbote und Forderungen mit auf den Weg. Manche Sätze hören wir auch als Erwachsener noch als innere Stimme. Viele dieser „elterlichen Forderungen" sind tief in deinem Unterbewusstsein verankert. Sind sie positiv, spornen sie dich an. Sind sie negativ, blockieren sie dein Handeln. Sie sind *keine* Charaktereigenschaft – dann könntest du daran nichts ändern. Es handelt sich um erlernte Verhaltensmuster und Glaubenssätze, und das Gute ist: du kannst sie auch wieder verlernen!

Doch bitte verurteile deine Eltern dafür nicht. Du bist erwachsen. Du bist für dein Leben verantwortlich, also bitte: Mach was daraus!

Was waren deine Träume?

Mit 12 Jahren wollte ich so gerne ans Meer. Bisher kannte ich nur den Schwarzwald und Oberbayern. Ich hatte nie bestimmte berufliche Träume. Eher Ideen zum „Ich muss einen Beruf erlernen". Wie vielleicht jedes Mädchen im Teenager-Alter träumte ich von meiner eigenen Familie – Mann und zwei Kindern. Mit 18 träumte ich von einer Backpacker-Tour durch Indien oder China. Mit Anfang 20 vom Segeln.

Mit 23 lernte ich meinen Mann kennen und wusste: Den werde ich heiraten. Das war mein Traum und den haben wir uns 12 Jahre später erfüllt. Und wie „man das halt so macht“, haben wir ein Haus gekauft, als ich 26 war. Parallel dazu habe ich mich, in meinem Beruf als Kinderkrankenschwester, bereits ein paar Jahre so massiv angestrengt, dass ich sämtliche Vorboten des Burnouts missachtet habe.
„Streng dich an“ und „sei stark“ bis zum Umfallen. Da war kein Platz für Träume.
Ich saß also mit meinem Traum-Mann in meinem Traum-Haus und war die unglücklichste Person, die ich mir nur vorstellen konnte. SO habe ich mir mein Leben nicht vorgestellt. Doch wie habe ich es mir eigentlich vorgestellt? Ich hatte keine Ahnung. Ich hatte keine Antwort auf diese Frage, denn alle Träume, die ich mich wagte zu träumen, habe ich immer im Keim erstickt. „Segeln wäre schön. – Das kannst du dir nicht leisten!“. „Durch Südafrika reisen. – Das kannst du dir nicht leisten!“ und so weiter.

22 Jahre später wurde mir klar, was ich mit 19 schon wusste

Als ich mit 19 die Schule verließ, spürte ich eine große Angst in mir und ich wollte unbedingt studieren. Weißt du, was mein Antrieb für ein Studium war? Ich hatte Angst vor dem Alltagstrott, den ich in meinem Umfeld wahrgenommen hatte. Angst vor dem „acht bis fünf Job“. Aufstehen, frühstücken, arbeiten, heimkommen, Haushalt, Abendessen, schlafen, aufstehen, frühstücken, arbeiten... tagein und tagaus. Nicht nur die Vorstellung war der Horror für mich, es wurde auch zum Horror.
Es war immer anstrengend. Es gab nur wenige Abschnitte in meinem Angestellten-Leben, in denen ich wirklich Freude beim Arbeiten hatte. Das Studium der Berufspädagogik habe ich übrigens erst 2011 begonnen, neben meinem Vollzeit-Job.

Und viele Jahre später – ich dürfte Anfang 30 gewesen sein – spürte ich diesen einen Wunsch in mir: selbständig sein. Das wäre toll. Mein eigener Herr sein und nur das tun, was ich wirklich gerne mache. Heute weiß ich, dass das die logische Konsequenz aus meiner Sorge mit 19 war.

Und da waren sie wieder, die Glaubenssätze: „Was kann ich schon?" und „Das geht nicht, weil, dafür müsste ich ja rechnen können, und der ganze betriebswirtschaftliche Kram ... Ich bin zu blöd dafür!" Und: „Das kann ich mir nicht leisten! Weil, der Hauskredit muss schließlich irgendwie bezahlt werden!"

Kennst du diesen Zustand?
Du bist weiterhin stark und machst weiter wie bisher. Einen Job, den du nicht magst, der dich unter- oder überfordert. Du fühlst dich mutlos, daran etwas zu ändern. Du glaubst, deine Situation ist ausweglos – was das angeht, bist du dir ganz sicher.
So mein fester Glaube damals. Und hier überspringe ich ein paar Jahre.

Krise als Chance! Klingt abgedroschen und stimmt immer wieder

Aus der tiefsten Krise meines Lebens gab es nur noch einen Ausweg:
Ich muss jetzt das tun was ich wirklich liebe und wofür ich wirklich brenne. Alles, was ich in meinem bisherigen Berufsleben getan und gelernt habe (und das waren einige Stationen), führte am Ende nur zu einer logischen Konsequenz: Ich bin Coach und Trainerin! Und ich bin Unternehmerin.
Im Herbst 2016 bereitete ich mich auf meine Selbstständigkeit vor: Businessplan, Seminarkonzepte, Coach-Ausbildung abschließen, Coaching-Konzept entwickeln, Marketing-Maßnahmen einleiten und und und. Es war nicht anstrengend. Es ergab Sinn für mich. Ich arbeitete und arbei-

tete und im ersten Jahr meldeten sich immer noch die alten Glaubenssätze wie: „Ich kann das nicht!“ Ich machte den gleichen Fehler, wie viele andere Selbstständige ihn auch machen: Ich verglich mich mit anderen. Und dabei habe ich eine Sache gelernt, die ich unbedingt mit dir teilen möchte:

So lange du dich mit anderen vergleichst, ziehst du immer den Kürzeren. Du siehst nur, was du nicht kannst, was du nicht weißt, worin du noch nicht gut genug bist und was du alles noch nicht geschafft hast.

Und wieder wurde es anstrengend ...

Coaching hilft

Ich buchte ein Coaching bei einem Kollegen und mit seiner Hilfe habe ich all meine hindernden Glaubenssätze aufgedeckt, Blockaden gelöst und festgestellt, dass Freiheit und Unabhängigkeit meine Lebensmotive sind. Die standen sich viele Jahre in Konkurrenz und haben mir das Leben schwergemacht. Als mir das klar wurde, traf der Satz meines Coaches voll ins Herz: „Du darfst groß träumen, Sandra!“

Wie funktioniert Träumen?

Ich wusste gar nicht, wie das geht. Das hat mich erschrocken. Und deshalb verstehe ich meine Klienten so gut, die oft dasitzen und feststellen, dass sie keine Träume mehr haben, dass sie vergessen haben, was ihre Träume waren. Die keine Ziele mehr haben, die sich orientierungslos fühlen.

Was sind deine Träume?

Dieser Frage kannst du nachgehen und ich verrate dir, wie ich meine Träume gefunden habe:
Ich glaube nicht an Zufälle. „Zufall ist, was fällig ist!“, lernte ich von einer meiner Mentoren und just zu diesem Zeitpunkt stolperte ich in einem Buch über folgende Frage:

„Wie stelle ich mir mein Leben vor? Ein Leben, in dem ich die Freiheit habe, all das zu tun, zu sein und zu haben, was ich mir je gewünscht habe?“

(Hal Elrod: Miracle Morning – Die Stunde, die alles verändert. Irisiana Verlag, 2017)

Um mir diese Frage zu beantworten, nahm ich mir ein blütenreines DIN-A3-Blatt und einen Bleistift und fing an groß zu träumen. Natürlich meldeten sich direkt die alten Bekannten wie zum Beispiel „Das kann ich mir nicht leisten“ und ich konnte mir nicht vorstellen, dass mein Leben leicht sein darf – denn ich lernte all die Jahre zuvor, dass es anstrengend sein muss. Ich schob sie alle zur Seite und machte einfach mal so, als ob sie nicht da wären. Einfach mal machen à la „Graf Koks“ oder Krösus und „Was lacostet die Welt?“ (ich zwinkere).

Was ich dann feststellte, war verblüffend:
Meine Träume waren so „einfach“. Bescheiden. Regelrecht „unverschämt“ (ich zwinkere) war mein Traum: „Ich möchte die Welt sehen!“
Auf meiner Mindmap fanden sich folgende Worte:
Ruhe, Stille, Familienzeit, lieben, lachen, Natur leben, in der Natur arbeiten, „die Welt sehen“ – reisen, ein Buch schreiben.

Ich stellte fest, was ich Schönes im Leben habe, und entdeckte, woran ich arbeiten darf. Was ich mir zum Beispiel viel zu wenig schenkte, war Zeit mit meiner Familie – meine Eltern und meine drei Schwestern häufiger sehen. Mittlerweile plane ich, so gut es geht, in jeder Woche Zeit mit einem Familienmitglied ein. Zeit, die ich mir früher nicht geschenkt hatte, weil ich mich ja stets anstrengen musste (bei der Arbeit, im Haushalt etc.). Ich nehme mir viel mehr Zeit in Ruhe und in Stille – in Form von Meditation und Spaziergängen – alleine oder mit meinem Mann. Ich habe mich gefragt, was für mich „Natur leben" bedeutet: Mit allen Sinnen wahrnehmen und spüren! Jedes kleine Pflänzchen sehen, berühren, daran riechen. Berge und Weite – sehen und erwandern. Plötzlich war da der tiefe Wunsch, die Alpen zu überqueren. Und schon wieder war da die laute Stimme: „Das kann ich mir nicht leisten!" Dieser Stimme habe ich mittlerweile Redeverbot erteilt und ersetze den Satz regelmäßig durch die Frage „Wie kann ich mir das leisten?"

Im Juni 2019 habe ich die Alpen überquert. Ich bin über einen Gletscher auf 3.606 m Höhe gewandert und habe mit dieser Wanderung einige böse Geister vertrieben. Auf diesem Gipfel ist mir klargeworden:

Du kannst alles schaffen. Alles. Wenn du es nur wirklich willst!

Und so schreibe ich auch *mein* Buch: Eins, für das ich mir keine Deadline gesetzt habe, sondern nur dann schreibe, wenn mir danach ist. Es wird eine Mischung aus Erfahrungsbericht und Ratgeber. Im September 2020 erschien Silvia Berfts Buch: „Stärke dein Immunsystem", in dem ich Co-Autorin bin. Und jetzt, in diesem Moment, hältst du das Buch mit den Mutmach-Geschichten in deinen Händen, welches ich mithilfe der anderen Autoren herausgegeben habe.

Und da war die gute Schülerin, die das Schulfach Deutsch liebte. Ich schrieb die tollsten Aufsätze, Referate und Gedichtinterpretationen. Meine Lehrer hätten mir ja stets so gerne eine Eins dafür gegeben, wenn da nicht ständig die Missachtung der Kommaregeln gewesen wäre. Es wurde meistens nur eine Zwei. Die Kommas und ich sind bis heute keine Freunde geworden und ich habe mich frei davon gemacht, dass die Texte in meinem Blog zu 100 % perfekt sein müssen. Sonst hätte ich diesen Blog nie gestartet.

„Dein Symbol für Freiheit steht draußen auf deinem Parkplatz, Sandra!“,

sprach mein Coach und ich verstand nicht, was er meinte. Er zeigte auf unser Wohnmobil, das mein Mann ausgerechnet zu dem Zeitpunkt gekauft hatte, als ich meine Selbständigkeit startete. „Das ist Wahnsinn!“, sagte ich damals zu meiner besseren Hälfte. Und: „Du kannst doch jetzt kein Wohnmobil kaufen, du weißt doch gar nicht, ob ich genug Geld verdiene!“ Wenn ich heute an diesen Satz denke, erschrecke ich vor mir selbst. Ich habe mir meinen eigenen Erfolg vorweg genommen und Misserfolg prognostiziert. Es kann ja nicht sein, dass etwas wirklich funktioniert, ohne dass ich mich massiv dafür anstrenge. Merkst du was? Mein Mann war „völlig unvernünftig“ und hat seine komplette Lebensversicherung in ein Wohnmobil gesteckt. Er hat sich seinen Traum erfüllt. Und zwar vor Renteneintritt (so war zunächst der Plan), denn: Wir leben jetzt und das Leben darf leicht sein.

Ich lebe meinen Traum

Ich lebe seit 21 Jahren mit meinem Mann zusammen. Ich habe Eltern, die mich lieben, drei wundervolle Schwestern und aktuell einen süßen Neffen und eine süße Nichte. Ich liebe und werde geliebt.

Ich lebe meine Unabhängigkeit. Meine Arbeit ist genau das, was ich liebe. Ich habe schon einige Aufträge abgesagt, die mich entweder nicht überzeugt oder die mir keine Freude gemacht haben. Meine Kunden suche ich mir aus. Ich arbeite nur mit Menschen zusammen, mit denen ich mich wohlfühle.

Ich schreibe für mein Leben gerne. Und ich schreibe in meinem Namen. Für dich. Das macht mich glücklich.

Ich schenke mir Zeit mit wundervollen Freunden, die handverlesen sind.

Ich reise viel. Mit dem Mann, den ich liebe. Und er lässt mich ziehen, wenn ICH meine, dass ich Alpen überqueren muss, denn: Das war mein Traum und gewiss nicht seiner.

Für dich

Dieses Kapitel ist mein Beispiel, das dir Mut schenken soll, wenn du ohne Orientierung und ohne Mut in einer Sackgasse stehst.

Folgende acht Fragen und Anregungen möchte ich dir als Impuls mitgeben:

1. Finde heraus, was deine Träume beeinflusst: Welche Glaubenssätze machen dir das Leben schwer?
2. Wie lebst du dein Leben? Wie fühlt es sich an? Wie sollte es sich stattdessen anfühlen?
3. Was sind deine Lebensmotive und deine wichtigsten Werte? Sind sie dir überhaupt bewusst? Wenn ja – was davon kannst du ausleben? Woran würde ich (ja ich, Sandra) erkennen, dass du das wirklich tust?

4. Vergleiche dich nicht mit anderen! Du bist einzigartig!
5. Falls auch du davon überzeugt bist, dass du dich immer anstrengen musst, dann mach dir das in Situationen, die sich schwer oder anstrengend anfühlen, bewusst und stelle dir ganz bewusst die Frage: Wie kann das leicht gehen? Und handle danach.
6. Falls auch du immerzu glaubst, dass du dir gewisse Dinge nicht leisten kannst (insbesondere, wenn es um Investitionen in dich oder für dich geht), stelle dir bewusst die Frage: Wie kann ich mir das leisten? Damit eröffnest du dir Lösungen, die dir ohne die Frage niemals einfallen würden.
7. Mache nicht deine Eltern (oder Lehrer oder...) für dein Leben verantwortlich. Du bist erwachsen. Mach' was daraus!
8. Erlaube dir, groß zu träumen. Nimm dir diese Frage zu Hilfe:

   „Wie stelle ich mir mein Leben vor? Ein Leben, in dem ich die Freiheit habe, alles das zu tun, zu sein und zu haben, was ich mir je gewünscht habe?" (Hal Elrod)

Ich wünsche dir von Herzen ein Leben in Freude und Leichtigkeit. Mache dich auf deinen selbstbestimmten Weg und wenn du magst, begleite ich dich auf diesem Weg.

Die Autorin

Sandra Liane Braun, ist Coach, Trainerin und Expertin für Stressreduktion und Burnout-Prävention. Als Gedankensortiererin hilft sie Menschen, die an einem Punkt im Leben angekommen sind, an dem sie sagen: „Ich kann nicht mehr!". In ihren Angeboten begleitet sie Menschen „Raus aus dem Stress, rein ins Leben." Ihre Arbeit ist Sandra eine Herzensangelegenheit: Als

leitende Führungskraft im Pflegeberuf, fand sie sich im Jahr 2002 in einem Burnout wieder. Sämtliche Signale des Körpers (u. a. eine halbseitige Gesichtslähmung) wollte sie damals nicht wahrhaben. Bis zum Zusammenbruch. Es war ein anstrengender und umständlicher Weg zurück in ein gutes Leben. Schon damals meldete sich ihr Bauchgefühl und sie wusste: „Irgendwann einmal, möchte ich Menschen helfen, dass ihnen das nicht passiert!". Genau das tut sie heute in ihrer Arbeit. Sie begleitet chronisch gestresste Menschen in ein Leben, das es sich für sie zu leben lohnt.
Sandra ist 1975 geboren und ist Kinderkrankenschwester, Bürokommunikationskauffrau, Berufspädagogin und zertifizierte Coach. Sie lebt mit ihrem Mann im Saarland.

In Sandras „Raus-aus-dem-Stress BLOG" findest du zahlreiche Impulse, Tipps und Selbstcoaching-Methoden. Abonnierst du ihre „Raus-aus-dem-Stress IMPULSE" erhältst du ein kleines Dankeschön, wertvolle Impulse und Tipps, erfährst Neuigkeiten als Erster und profitierst von exklusiven Inhalten.
Das << Raus aus dem Stress, rein ins Leben >> Coaching ermöglicht dir eine neue Lebensgestaltung, den Start zur Veränderung oder hilft dir Entscheidungen zu treffen. Du bekommst Struktur und ebenso viel Flexibilität, um an deinen Themen zu arbeiten.

Damit möglichst viele Menschen von ihrem Angebot profitieren können, bietet sie ihre Unterstützung auch online an.

Bevor du dich für ein Coaching entscheidest, bietet Sandra dir ein kostenloses und ausführliches Kennenlerngespräch an.

Webseite: www.sandralianebraun.de
Facebook: www.facebook.com/sandra.l.braun01
LinkedIn: www.linkedin.com/in/sandralianebraun

Gabriele Canale

Höher. Schneller. Weiter. – Und die Kunst sich selbst dabei treu zu bleiben

In diesem Kapitel geht es um die pure Lust am Leben, um Motivation, um Mut und um die Courage seinen eigenen, ganz persönlichen Weg zu gehen. Es geht darum seine Träume zu verwirklichen, den Grenzen die uns andere Menschen auferlegen zu trotzen und das tägliche Leben voller Begeisterung zu leben, so wie es eben kommt.
Es geht darum, das eigene Leben nicht einfach nur "abzuleben", sondern aktiv zu gestalten, denn ein NEIN muss nicht unter allen Umständen ein NEIN bleiben – es findet sich immer ein Weg, Schwierigkeiten zu lösen und Probleme zu bewältigen – man muss nur genau hinsehen.
Aber vor allem geht es um die pure Lust am eigenen Leben.

Höher. Schneller. Weiter. – Und die Kunst sich selbst dabei treu zu bleiben

Wurdest du gerade eben noch von deinem Arbeitgeber für außergewöhnliche Leistungen gelobt und geehrt, so kann es dir passieren, dass du im nächsten Moment schon eins über die Rübe bekommst, weil deine Leistungen vom letzten Jahr zwar super sind, aber in diesem Jahr keine wirkliche Relevanz mehr haben. Einfach aus dem Grund, weil es in diesem Jahr gilt, andere Parameter zu erfüllen.
Oder aber du bist gerade einen Marathon in Bestzeit gelaufen und noch ganz high von diesem Botenstoffoverload, doch kaum bist du durchs Ziel gerannt, steht gefühlt schon jemand hinter dir, der noch schneller und fitter ist als du es jemals sein könntest.

Es gibt unzählige Situationen in unserem Alltag, die uns zeigen, dass andere besser, schneller oder effektiver sind. Die Frage ist nur: Wie gehe ich selbst damit um? Lasse ich mich davon beeindrucken? Muss ich mich permanent und ständig mit anderen Menschen vergleichen und messen? Will ich überhaupt jeden Tag meinen ganz eigenen Wettbewerb antreten?

Nein! Will ich nicht! Ich will meinen eigenen Weg gehen und zwar völlig unabhängig davon, was mein Nachbar, Freund, Kollege oder der Bundespräsident höchstpersönlich tut oder davon hält. Und ich will diesen Weg in meinem eigenen Tempo zurücklegen.

Leben heißt Wachstum und Veränderung: Wer gestern noch der Schnellste war, kann morgen schon eine lahme Schnecke sein, oder andersrum. Alles ist möglich, zu jeder Zeit und an jedem Tag. Nichts ist unmöglich – die Karten werden täglich neu gemischt und die Gewinner von gestern können bereits heute, die Verlierer von morgen sein.

Wichtig ist nur, dass jeder Einzelne von uns an sich glaubt und seinen eigenen Weg geht, um die bestmöglichste Version seiner selbst und nicht nur eine billige Kopie von jemand anderem zu sein. Dann wird sich der Erfolg früher oder später ganz von allein einstellen.

"Was haben sie denn in ihrem Leben schon groß auf die Beine gestellt? Mich! Immer wieder." (Unbekannt)
"Richte deinen Fokus auf die Lösung und nicht auf das Problem." (GANDHI)

Ich will dir an dieser Stelle eine Geschichte erzählen:

Als ich mich vor genau 10 Jahren (nach 20 Jahren Ehe) von meinem Mann getrennt habe, für den ich auch 20 Jahre unentgeltlich gearbeitet habe, stand ich mit NICHTS – im wahrsten Sinne des Wortes – auf der Straße. Ohne Wohnung und ohne Job. Ich hatte nicht den Hauch einer Ahnung was ich arbeiten könnte, um genug Geld zu verdienen, damit ich meinem

Sohn und mir ein einigermaßen angenehmes Leben ermöglichen könnte. Mein Sohn war damals gerade mal 9 Jahre alt und ich bereits fast vierzig. Anspruch auf Hilfe vom Arbeitsamt hatte ich nicht: „Schließlich führst du durch mich ein sehr gutes Leben“ (O-Ton mein Exmann). Unterhalt für mich oder mein Kind: Fehlanzeige. „Du hättest dich ja nicht trennen müssen.“, sagte er. Also blieb mir nur der Gang zur ARGE und Hartz IV.

Diese Gegebenheiten waren auch der Grund dafür, dass ich nahezu 5 Jahre gebraucht habe, um meinen Entschluss, mich aus dieser Ehe zu lösen, in die Tat umzusetzen. Uns Frauen wird es nicht leicht gemacht, in diesen Situationen: Du gibst als Frau ALLES, verschreibst dich dem Mann, der Familie, der Kindererziehung und wenn notwendig – wie in meinem Fall – auch noch dem Unternehmen dieses Mannes. Und warum? Um am Ende alleinerziehend und mittellos wieder bei Null anzufangen – mit dem einen Unterschied: Du hast noch ein kleines Wesen an der Hand, welches zu Recht auf dich zählt.

Dieser eine Mensch von der ARGE gab mir damals ein Versprechen, welches er in meinem Fall nicht vermochte einzuhalten: „Einmal Hartz IV, immer Hartz IV! Da kommen sie nie wieder raus!“ Ich erklärte ihm mit meiner allergrößten Geduld – diese Anmaßung und Verallgemeinerung ließ mich innerlich hochkochen – dass ich mich nur auf der Durchreise befände und nicht vorhabe seine Prophezeiung Realität werden zu lassen. Er belächelte mich nur abschätzig und verdrehte gelangweilt die Augen: „Das sagen sie alle“.
Durch verschiedene Zufälle erfuhr ich vom Beruf des Pharmareferenten, informierte mich, besuchte Informationsveranstaltungen und beschaffte mir alles an Wissen, was es darüber zu erfahren gab. Schnell war mir klar, dass dieser Beruf eigentlich nur für mich erfunden worden sein konnte. Lange Rede kurzer Sinn: Ich habe einen Weg gefunden, mir die Finanzierung des kostspieligen Kurzstudiums zur Pharmareferentin zu sichern,

habe mich zeitgleich um die Betreuung und eine gute Ausbildung für meinen Sohn gekümmert und dann: Rock'n Roll!
Ich habe gelernt am Tag, in der Nacht und in jeder freien Minute. Ich habe meine komplette Wohnung mit den Flipcharts – Plakaten aus dem Unterricht – beklebt weil diese vielen medizinischen Fachbegriffe einfach nicht in meinen Kopf wollten. Ich habe meinen Sohn mangels der Möglichkeit einer sinnvollen Betreuung, in den Ferien mit in meine Schule geschleppt – der Arme, das tut mir heute noch leid. Allerdings war er derjenige, der sämtliche mechanischen Abläufe des Herzens bereits nach nur drei Tagen verstanden hatte – bei mir dauerte es Monate (dieses bescheuerte Herz).

Das Studium habe ich mit Bravour bestanden (alles andere war auch keine Option) und im Anschluss daran habe ich keine Ruhe gegeben, bis ich DEN Job in eben JENEM Unternehmen hatte, in welchem ich ihn unbedingt haben wollte. Zwei Jahre später stand ich beruflich und persönlich besser da, als je zuvor in meinem Leben und hatte – und habe es noch – so unglaublich viel Spaß und Freude dabei.

Ich gehöre zu dem Typ Mensch, der immer alles hinterfragt und permanent bestrebt ist, alles richtig und noch besser (da haben wir es wieder) zu machen, als bisher. Lange Zeit war ich der Meinung, dass alle anderen mehr können, mehr wissen und überhaupt besser sind, als ich es jemals sein könnte. Aber in Wirklichkeit ist das gar nicht so, andere Menschen wissen nur andere Dinge. Keiner hat die gleichen Kenntnisse wie ich oder du. Keiner IST wie ich oder du!
Inzwischen weiß ich, dass ich sehr gut bin in meinem Job – schließlich wurde ich als Zweitbeste – Deutschlandweit – öffentlich ausgezeichnet (in dieser Firma arbeiten etwas mehr als nur zwei Mitarbeiter). Dabei habe ich es noch nicht einmal darauf angelegt in der ersten Reihe zu stehen, nach dem Motto: „Hallo Chef, ich habe das Licht ausgemacht“ – ich

denke du weißt was ich damit sagen möchte. Ich habe einfach nur super gerne und so gut wie möglich, meinen Job gemacht. Ich glaube, dass ist das Geheimnis eines jeden Erfolges. Völlig egal ob im Beruf oder Privat, man muss einfach lieben was man tut, dann ist man auch gut darin.
Was ich dir mit dieser Geschichte verdeutlichen möchte, ist Folgendes: Es ist nicht wichtig ob du Erster, Zweiter oder Dritter bist! Es ist nur wichtig, dass du an dich und deinen Traum glaubst, deine Gedanken säuberst, dir Ziele setzt und dann loslegst. Dreh dich nicht um und frag unzählige Menschen – du wirst nur unzählige Meinungen bekommen und am Ende nicht mehr wissen, welche deine eigene Meinung war. Mach dein Glück nicht von anderen Menschen abhängig, nur weil sie vielleicht in der Vergangenheit andere Erfahrungen gemacht haben und lass dir deine Träume von nichts und niemandem nehmen oder ausreden: Es sind zu Recht DEINE Träume, andere haben nämlich andere Träume.

„Manchmal muss man das Chaos nur ein bisschen schütteln und es wird ein Wunder daraus.“
(Unbekannt)

Glaube an dich und an das was du kannst und tue alles um dir DEINEN Weg zu ebnen. Ich weiß was du jetzt denkst: „Aber Gabi, das kann ich nicht...“ oder „Ich bin nicht so stark wie du...“. Lass mich dir eines dazu sagen: Hätte ich damals darüber nachgedacht, ob ich es kann, wäre daraus niemals etwas geworden! Der Unterschied ist, dass ich es einfach gemacht habe und nicht bereit war auf die kleine Stimme in meinem Ohr zu hören, die mir vielleicht solche Dinge eingeflüstert hätte.

Als die Corona-Pandemie im März 2020 Thema wurde und ich viel freie Zeit hatte, habe ich mich hingesetzt und angefangen mich in die Richtung zu bewegen, die mir privat viel Freude bereitet: Das Schreiben!

Ich habe in dieser Zeit ein Buch geschrieben, meine Website gestaltet und aufgebaut, ohne jegliche Vorkenntnisse in diese Richtung, und bin – bescheiden wie ich bin – von mir selbst wieder mal mehr als begeistert. Einfach nur deshalb, weil ich es probiert und auch fertiggestellt habe. Und ich schwöre: Es war alles andere als eine leichte Übung, denn das Internet macht nämlich was es will und mein Computer sowieso. Mein Blog ging am 3. Mai 2020 online und zählt inzwischen weit mehr als 8.000 (!) Besucher und es kommen täglich neue dazu, was mich irre freut und weiter anspornt. Der Lockdown durch die Corona-Pandemie war für mich also durchaus ein positiver Umstand.

Das Witzige an der Sache mit dem Schreiben ist die Tatsache, dass wahrscheinlich kein Komma dort sitzt wo es eigentlich und wahrscheinlich sitzen sollte. Da ich aber kein Deutschlehrer werden möchte und es mein Blog ist, kann ich schreiben was (!) und wie (!) ich es will. So sieht´s nun mal aus: Ich mach‘ mir MEINE Welt, wie sie MIR gefällt.
Es ist völlig egal was andere von dem halten, was ich tue oder was du tust. Es wird immer jemanden geben der dich oder mich nicht leiden kann oder nicht gut findet, was du oder ich so tun. Das ist auch nicht was zählt im Leben! Das Einzige was zählt ist, dass du und ich glücklich sind und die kurze Zeit hier auf Erden optimal nutzen und unser eigenes Leben genau so leben wie es uns eben gefällt.
Also lass dich um Himmels willen von nichts und niemandem einschüchtern, ausbremsen oder sogar aufhalten (schon gar nicht von so einem Sesselpupser in einem Amt, der dich weder kennt noch weiß wer du bist). Geh‘ deinen eigenen Weg und erfülle dir deine Träume und behalte unter allen Umständen dein Ziel im Auge – ganz egal was passiert.
Ich wünsche dir von Herzen, dass du deinen Traum genau so leben kannst, wie du es dir vorstellst und einen Weg findest der dich zu deinem Ziel führt.

Lebenslustige Grüße
Gabi

Die Autorin

Gabriele Canale ist Mutter eines inzwischen 20-jährigen Sohnes, Autorin, Bloggerin, Influencer, Stilvorbild und die Verfasserin von Lebenslust by Gabriele Canale.
Mit dem Schreiben beginnt Gabriele nach der nervenaufreibenden Zeit in Rumänien, wo sie vor 20 Jahren und unter schlimmsten Bedingungen ihren Sohn adoptierte. Ursprünglich schreibt sie nur für sich selbst, um die eigenen Gedanken zu sortieren. Aus diesen Erlebnissen entsteht ein Buch, welches sie bis dato nicht veröffentlicht hat.
Anfang dieses Jahres (2020) schreibt sie ein weiteres Buch, dieses Mal für die Öffentlichkeit und im Mai 2020 veröffentlicht sie weit mehr als erfolgreich ihren Motivations-Blog "Lebenslust by Gabriele Canale".

Website: www.lebenslust25.com

Tino Engel

Träume, Türen, Angst und Karten. (M)eine Mutmach-Geschichte

Unser Leben ist voller „Türen". Viele von ihnen bleiben ungeöffnet. Aus Angst vor Veränderung und Unsicherheit. Und doch verbergen sich genau hinter diesen „Türen" neue Möglichkeiten, aufregende Erfahrungen und entscheidende Erkenntnisse. Dabei sind wir stets nur eine Entscheidung und einen ersten Schritt nach vorne entfernt von einem neuen Leben. Genau zu diesem Schritt, mehr „Türen" im Leben zu öffnen, soll dich diese Mutmach-Geschichte motivieren.

Mein Traum – damals und heute

Als Kind war mein Traum im Prinzip ganz simpel. Genau genommen war es ein Wunsch. Ich habe mir das gewünscht, was sich vermutlich alle Kinder wünschen: Ich wollte gehört werden, geliebt werden, wollte, dass man mich so nimmt, wie ich bin. Ich wollte Fehler machen dürfen, ohne ausgeschimpft zu werden. Von und mit meinen Eltern lernen – ohne Druck, dafür mit Sicherheit. Ich wollte, dass mir jemand auf die Schulter klopft, mir den Rücken stärkt und im entscheidenden Moment, wenn ich nicht weiterkomme, sagt: „Mach einfach den nächsten Schritt. Es lohnt sich!"

Es hat lange gedauert, aber heute – als Trainer, Redner, Coach, Lebenspartner und vor allem Vater – lebe ich diesen Traum. Wenn auch etwas anders als vielleicht gedacht. Doch bis hierher war es ein langer, holpriger Weg, oder wie Steve Jobs wohl sagen würde: Es waren viele Punkte.

„Du kannst die Punkte nicht vorwärts blickend verbinden, sondern nur rückblickend. Deshalb musst du darauf vertrauen, dass sich die Punkte eines Tages irgendwie verknüpfen werden."
(Steve Jobs)

Wenn ich heute zurückschaue auf mein bisheriges Leben, auf all die Momente, dann glaube ich zu verstehen, was er meinte. Und von diesen Punkten will ich dir erzählen. Mögen es dir Mut machen oder zumindest hier und da ein Lächeln ins Gesicht zaubern.

Wie alles begann ... und die Sache mit der Tür

Solange ich denken kann, spielen die Themen Unsicherheit, Planen und Entscheiden eine große Rolle in meinem Leben. Unweigerlich verknüpfe ich damit auch viel Druck, Angst, aber auch Hoffnung, doch eins nach dem anderen.
Wenn ich an meine Kindheit denke, erinnere ich viele Momente, die sich für immer in mein Gedächtnis eingebrannt haben. Schöne Momente, aber vor allem auch traurige und schmerzhafte. Zum Beispiel dieser Moment, in dem ich als kleines Kind hinter der Tür in meinem Zimmer stand. Mein Vater, mal wieder alkoholisiert, sprach mit meiner Mutter in einem Ton und behandelte sie auf eine Weise, die ich nicht ertragen konnte. Schon als kleines Kind wusste ich, dass es falsch war. Ich wollte eingreifen, wollte, dass es aufhört. Doch ich konnte es nicht stoppen, denn ich war erstarrt vor Angst. Angst vor dem, was hätte passieren können, was ich hätte sehen und was ich hätte erleben können, wenn ich durch diese Tür gegangen wäre. Und so blieb ich hinter der Tür stehen. Ein ums andere Mal. Tür um Tür. Jahr für Jahr.
Ich habe mich oft gefragt, welchen Verlauf mein Leben wohl genommen hätte, wenn ich diese eine Entscheidung anders getroffen und die Tür

geöffnet hätte. Ich habe seitdem aber auch gelernt, dass die Antwort auf diese Frage irrelevant ist, denn es ist Vergangenheit. Mittlerweile habe ich für mich auch erkannt, dass das Leben voll ist von Türen, von Gelegenheiten und von neuen Möglichkeiten.

Mein 18. Geburtstag – der beste meines Lebens

Warum dieser Geburtstag der bisher beste war? Weil ich kurz vorher endlich mit meiner Mutter aus dem Haus meines Vaters ausgezogen war. Ich war einfach nur glücklich, dass wir endlich raus waren.
Es dauerte allerdings lange, bis ich zumindest ansatzweise verstand, warum meine Mutter nicht früher gehen konnte. Warum mein Vater sich so verhielt, wie er es tat. Und warum es ihm so schwerfiel, sich zu verändern, sofern er es überhaupt tat. Auch wurde mir klar, dass letztlich jeder Erwachsene selbst verantwortlich ist für das eigene Verhalten und die eigene Entwicklung. Alles, was man dem Menschen gegenüber bieten kann, ist Akzeptanz. Die Akzeptanz ihn so zu nehmen, wie er (aktuell) ist. Auch, wenn das oftmals alles andere als leicht ist.
Damit wir uns nicht falsch verstehen: Ich hasse meinen Vater nicht (mehr). Die Freude über die neuen Möglichkeiten, die mein 18. Geburtstag mit sich brachte, verdrängten schnell die vielen schmerzhaften Erinnerungen. Und ich hatte viel Zeit zum Nachdenken. Vielmehr bricht es mir noch heute das Herz, wie wenig er aus seinem Potenzial gemacht hat. Wie wenige, großartige Ideen je den Weg aus seinem Kopf gefunden haben. Wie wenige, unbezahlbare Momente mit den eigenen Kindern er sich selbst geschenkt hat.

Freundin + Studium = eine neue Zeitrechnung

Bereits kurz nach meinem Neuanfang mit 18 traf ich meine große Liebe Caro. Einige Zeit später fing ich an, Soziologie und Psychologie zu studieren. Meine Welt blühte auf. Das war das Leben, das ich bestellt hatte.

Ich hatte reichlich Gelegenheit, Antworten zu finden. Antworten auf all die Fragen, die sich in mir über die Jahre angestaut hatten.
Ich tobte mich aus mit all den Themen, die mich so sehr interessieren. Wie funktionieren soziale Systeme? Wie tickt der Mensch? Und warum ist Veränderung so schwer? Es war eine großartige Reise. Mit Spekulatius in der einen Hand und Pfefferminztee in der anderen staunte ich immer wieder darüber, wie unterschiedlich Meinungen und Perspektiven doch ausfallen können und wie viel es von anderen zu lernen gab.

Wenn du denkst, es läuft...

Das Ende meines Studiums nahte. Ich war schon ganz gespannt auf die Zeit danach und wo ich wohl arbeiten würde. Dann, eines Tages – völlig unerwartet – erschütterte ein mentales Erdbeben im Klassenraum meine Welt. Eine Panikattacke. Ich dachte nur „Ich sterbe. Mit 25. Im Französischunterricht!"
Da war sie wieder – die Tür aus meiner Kindheit. Die Tage wurden dunkel. Alles kam wieder hoch. Meine Ängste und Sorgen, die ich längst verdrängt hatte, holten mich wieder ein. Doch ich wollte nicht mehr wegrennen. Ich wollte nicht nochmal 18 Jahre warten, bis jemand mich „rauswirft" – oder besser „ins Leben reinwirft". Also öffnete ich diesmal die Tür. Es war nur die erste von so einigen. Jede einzelne führte in eine Praxis: Gleich mehrere Psychologen besuchte ich in nur einer Woche. Denn was im Französischunterricht begann, griff in wenigen Tagen auf mein ganzes Leben über. Diagnose: Angstneurose. Na klasse!
Tag für Tag begleitete sie mich. Diese Angst, die ich schon aus der Kindheit kannte. Diesmal jedoch ohne Vater. Alles wurde zur Qual. Vorlesungen, Busfahrten, Kinobesuche und selbst Spaziergänge. Ins Fitness-Studio ging ich auch nicht mehr. Trotzdem verbrannte ich ordentlich Kalorien, immerhin – dafür sorgten die Panikattacken. Alles drehte sich nur

noch um Angst, Kontrolle und Stress. Ich suchte nach Antworten, insbesondere auf die Frage, was ich eigentlich in meinem Leben wollte. Zum Glück hatte ich Unterstützung – Therapeut sei Dank.
2006 beendete ich mein Studium erfolgreich. Streng genommen beendeten WIR mein Studium, denn ohne die Unterstützung meiner Frau Caro hätte ich es vielleicht nicht geschafft. Statt eines Jobs allerdings gab es nur Ernüchterungen und Absagen.
Einige Monate vergingen und ich steckte im unbezahlten Praktikum und verdiente mein Geld mit Nebenjobs. Immer wieder blickte ich auf das vermeintlich wundervolle Leben der Anderen. Prall gefüllt mit ambitionierten Zielen und Träumen. Mein persönliches Ziel zu dieser Zeit war ein ganz einfaches: 30 werden. Irgendwie!
Aber immerhin: Dank Angstneurose widme ich mich hochmotiviert ganz praktisch den Themen Meditation, progressive Muskelentspannung und Stressmanagement. Jeden Tag. Schritt für Schritt. Raus aus dem Dunkel. Rein ins Licht.

Mit (positiven) Überraschungen ist immer zu rechnen

Dann, eines Tages, veränderte eine Geburtstagsparty alles. Das erste Mal in meinem Leben spielte ich... Poker. Anfangs ein Hobby, wurde es schon nach wenigen Wochen eine Leidenschaft und 2009 zu meinem Beruf. Ich wurde Poker-Profi. Erfolgreich.
Die Online-Welt führte mich auf ein Trainingsfeld, wo ich täglich tausende Entscheidungen traf. Mit Menschen aus der ganzen Welt um die Wette entscheide. Unter Unsicherheit. Unter Druck. Mit begrenzten Informationen. Eine Welt, in der eine Karte binnen einer Sekunde alles verändern kann. Wie im echten Leben. Dabei jagte ich aber nicht das Glück, sondern kluge Entscheidungen. Und ich zockte auch nicht, sondern kalkulierte und investierte.

Dabei erlebte und erfuhr ich, wie wichtig Mindset, Stressmanagement und Impulskontrolle sind. Und wieder erlebte ich, wie verschieden Menschen in ihrer Wahrnehmung sind, in ihren Annahmen und Interpretationen. Und wieviel man von anderen lernen kann.

Karten, Erkenntnisse und die Sache mit der Demut

Poker leerte mich Disziplin, Perspektivwechsel und Selbstbeobachtung. Es zeigte mir, wie wichtig Fokus ist und ein langer Atem. Es zwang mich zu Ehrlichkeit im Umgang mit den eigenen Schwächen, sofern ich wirklich vorankommen wollte. Und das wollte ich! Vor allem aber lehrte es mich eins: Demut. Denn die Karten haben kein Gewissen. Sie fallen, wie sie fallen. Sich darüber zu beschweren kostet nur Kraft und bringt bestenfalls graue Haare. Die Karten aber zu akzeptieren, wie sie fallen, wurde zu meiner Maxime. Im Leben wie am Pokertisch.
Bis Ende 2015 war Poker mein Trainingsfeld, mein Erlebnisraum, mein Lehrer. Es war zweifellos eine emotionale Reise, der ich sicherlich einige Falten auf meiner Stirn verdanke. Aber zum Glück waren da wieder Menschen, die mich unterstützen. Allen voran meine Poker Coaches Aaron und Phil, meine Poker-Freundschaften Fabian und Daniel sowie all meine Bücher schreibenden Helden – allen voran Daniel Kahnemann. Sie trösteten mich, bauten mich auf und lobten mich. Sie waren meine mentalen Sparringspartner und Feedbackgeber auf der gemeinsamen Suche nach Antworten auf all die spannenden Warums, Wies und Wozus.
Und ein weiteres Mal war da meine Frau. Sie ertrug ein ums andere all meine Geschichten und Anekdoten. Nicht weil es sie nach dem 100sten Mal noch wirklich interessierte, sondern, weil sie wusste, dass es mir guttat.
Seit 21 Jahren ist sie nun an meiner Seite. Das nenne ich Geduld! Und dann hat sie auch noch zwei Kids mit mir. Damit sind wir beim größten Thema in meinem Leben.

Ein völlig neues Level... auf zwei Beinen

2012 wurde mein Sohn Hugo geboren. Nie zuvor im Leben hatte ich mehr Verantwortung gespürt als in dem Moment, als ich ihn das erste Mal im Arm hielt. Und nie zuvor hatte mich Verantwortung so glücklich gemacht. Mit der Geburt meiner Tochter Mathilda 2017 durfte ich diese wunderschöne Erfahrung sogar noch einmal machen. Bis heute bin ich unendlich dankbar zu für diese Geschenke (und hoffentlich erinnere ich mich daran, wenn die Pubertät mal anklopft). Und ich bin dankbar für das großartige Gefühl, dass es etwas Wichtigeres gibt als einen selbst. Einen höheren Sinn, der einem den Rücken stärkt beim Öffnen all der Türen, die das Leben noch bereithält. Jim Carrey hat einmal gesagt:

„Der Effekt, den du auf andere Menschen hast, ist die wichtigste Währung, die es gibt."
(Jim Carrey)

Und genau diesem Effekt folgend traf ich Ende 2015 eine Entscheidung.

Das Happy End eines Traums?

Ende 2015 beendete ich meine Karriere als Poker-Profi. Ich wollte diesen Effekt, von dem Jim Carrey spricht, auch beruflich. Und ich fand ihn – in der Welt der Business-Trainings, Workshops, Coachings und Vorträge. Natürlich hatte ich an manchen Tagen in dieser Zeit des großen Umbruchs auch Angst, aber damit kannte ich mich mittlerweile aus.
Zudem waren die neuen Türen einfach zu verlockend, als sie nicht zu öffnen. Ich war mutiger geworden über die Jahre bzw. Jahrzehnte, stellte ich fest und es fühlte sich so gut an!

Es folgten kontinuierliche Weiterbildungen, Trainings und Reden. Ich begegnete wunderbaren Menschen, vor allem am Institut für angewandte positive Psychologie in Berlin, allen voran Sascha. Oder in meinem Redeclub First-Berlin Toastmasters. Dort lerne ich bis heute, Hirn, Herz und Stimme so zu verbinden, dass sie einen möglichst großen Effekt auf Menschen haben. Sie berühren, zum Nachdenken anregen UND motivieren, einen Schritt nach vorne zu machen.
Anfang 2016 gründete ich meine erste kleine Unternehmung und fing an, andere Poker-Profis zu coachen. Bald schon begann ich zudem, Business-Trainings am Pokertisch zu entwickeln. Erneut, diesmal auf meinem Weg in die Business-Welt, fand ich Inspiration, Ermutigung und Motivation im Austausch mit anderen Menschen – wie bspw. Marcel und Peter von ActionLab International.

Heute lebe ich meinen Traum von damals – in doppelter Hinsicht.

Was habe ich bis hier gelernt? Erstens, mir selbst zuzuhören, mich selbst so zu nehmen, wie ich aktuell bin. Ich erlaube mir, Fehler zu machen, ohne mich auszuschimpfen. Ich klopfe mir heutzutage häufiger mal auf die Schulter und sage mir: „Mach einfach den nächsten Schritt, Tino. Es lohnt sich!".
Was mir aber noch viel wichtiger ist, ist das „Zweitens". Wenn ich heutzutage als Trainer Menschen und Teams an den Pokertisch einlade. Oder wenn wir in Workshops gemeinsam in die Welt der Fehlerkultur oder des Feedbacks eintauchen. Oder wenn ich mit meinen Kindern Karten spiele, dann empfinde ich großes Glück. Denn ich kann ihnen den Wunsch erfüllen, den – daran glaube ich zutiefst – wir alle in uns tragen. Ich darf hören, was sie zu sagen haben. Ich darf sie so nehmen, wie sie sind. Ich darf sie einladen in eine sichere Welt, wo man experimentieren und Fehler machen darf. Wo man lernen kann. Miteinander. Voneinander. Über-

einander. Ohne Druck. Dafür mit Sicherheit. Eine Welt, wo ich, wann immer nötig, mit einem zuversichtlichen Lächeln voller Überzeugung sagen darf: „Mach einfach den nächsten Schritt. Es lohnt sich!“

Herzliche Grüße
Tino

Der Autor

Nach seinem Studium der Soziologie und Psychologie schlug Tino Engel einen ungewöhnlichen Karriereweg ein. Für sechs Jahre arbeitete er erfolgreich als professioneller Pokerspieler. Dabei ging es neben Bereichen Mathematik, Spieltheorie und analytischem Denken vor allem aber um Entscheidungen, Stressmanagement und das „mentale Spiel“. Dabei wurde der Pokertisch für Tino schnell zu einem intensiven Erlebnis- und Lernraum für viele Prinzipien, Ideen und Impulse, die auch im Business und im Leben von großem Nutzen sind.

Auf diesem Wissen und seine Erfahrungen aufbauend begann Tino 2016 mit dem Training und Coaching professioneller Pokerspieler. Kurze Zeit später begann er mit dem Aufbau eines Trainings-Business mit Fokus auf Teams. Dabei kooperierte Tino für zwei Jahre mit dem internationalen Trainingsanbieter ActionLab, wo er bei Firmen wie Cisco, Mol oder Lesaffre praktische Erfahrungen als Trainer sammelte. Seit 2018 entwickelt Tino Engel selbstständig Trainingskonzepte und leitet eigene Trainings, Workshops oder hält Vorträge. Unter anderem für Firmen wie Microsoft, Axel Springer, Wolf GmbH oder auch Osthus.

Kern seiner Trainingsphilosophie ist dabei erfahrungsbasiertes Lernen, d. h. konkreter und praktischer Bezug zum Thema. Dazu bedient er sich z. B. spielerischer Elemente und kombiniert diese mit moderner Didaktik und Storytelling zu interaktiven Events. Um diesem Anspruch gerecht zu werden, schult Tino Engel fortlaufend seine Fähigkeiten in den Bereichen öffentliches Reden, Training und Coaching.

Website: www.tinoengel.com

Madeleine Gersbach

Zurück zu den Wurzeln oder warum uns der Wald so gut tut

Manchmal muss man in die Natur, um wieder zu sich selber zu finden. Bei Madeleine war das nicht einfach mal ein schneller Wald-Besuch, sondern ein mehrmonatiges Sabbatical im südlichen Afrika. Die Auszeit in der Natur hat ihr Leben nachhaltig verändert und hat ihr sogar den Weg zu ihrer Berufung gezeigt. Im Alltag ist es nicht immer einfach, bewusste Auszeiten einzubauen. Die Autorin teilt hier ihre besten Tipps mit dir.

Zurück zu den Wurzeln oder warum uns der Wald so gut tut

Wer mich kennt weiß, der Wald ist aus meinem Leben nicht mehr wegzudenken. Das war schon immer so und wird sicherlich auch so bleiben, beruflich wie privat. Dass das so ist, verdanke ich unter anderem den positiven Erfahrungen, die mit dem Wald als Erholungsort gemacht habe.
Mit diesem Artikel wage ich mich zum ersten Mal auf ein mir noch neues Terrain. Denn aktuell stecke ich mitten in der Ausbildung zum Shinrin Yoku Guide (Leiterin für Waldbaden) und lese darum sehr viel über die positive Auswirkung des Waldes auf uns Menschen.

Der Ort an dem unsere Wurzeln sind

Ohne es zu wissen war der Wald schon immer meine Energie-Quelle, mein Erholungsort. Sogar schon während der obligatorischen Schulzeit suchte ich im Wald nach Ruhe. Besonders dann wenn eine Prüfung schlecht lief.

Doch das war nicht immer so. Es gab Zeiten, da verlor ich den Wald fast gänzlich aus den Augen, sogar beruflich. Ich arbeitete viel, war in meiner Freizeit viel unterwegs und war auf fast jeder Party anzutreffen.
Ich merkte kaum, dass sich schleichend eine Erschöpfung anbahnte. Erst als sich im Team auch noch Mitarbeiter-Konflikte abzeichneten, riss ich die Reißleine und flog für ein Sabbatical nach Südafrika.
Da es nicht meine erste Reise nach Südafrika war, wusste ich genau was ich machen wollte: die Grundausbildung zum Safari-Ranger!
Natürlich hatte ich eine ungefähre Ahnung was mich erwartet im Kurs aber, dass die Abgeschiedenheit einen derart erholenden, fast meditativen Effekt hat, hätte ich damals nicht erwartet.
Kein Internet, kein Mobile-Empfang, kein Strom. Dafür hört man Hyänen-Geheul bis tief in die Nacht hinein, kann Elefanten vom Frühstückstisch aus beobachten und steht freiwillig um 5 Uhr auf weil man von all dem Vogelgezwitscher sowieso nicht mehr schlafen kann.
Der Kurs war sehr streng, das Programm war straff durchgeplant. Ich musste auch viel Lernen, da der Kurs und die Prüfung natürlich komplett auf Englisch waren. Trotzdem war ich mit jedem Tag, mit jeder Woche etwas weniger gestresst.
Da beschloss ich, auch zuhause unbedingt wieder mehr in die Natur, in den Wald zu gehen. In Südafrika entschied ich mich dann schließlich auch, die Ausbildung zum Ranger in der Schweiz zu absolvieren.

Was ist davon übriggeblieben?

Zugegeben, es ist schwierig zuhause genau den gleichen Erholungseffekt zu erzielen. In Südafrika wohnte ich in einem Zelt mitten im Krüger Nationalpark. Das kann man schlicht nicht mit einem normalen Leben hier in Mitteleuropa vergleichen.

Auch die Distanzen sind ganz andere. Um in ein Lebensmittelgeschäft zu kommen, fährt man dort gut und gerne mehr als eine Stunde. Das wäre hier im deutschsprachigen Europa schon fast undenkbar.

3 Tipps um den Wald in deinen Alltag einzubinden

Ich habe mir darum mit der Zeit passende Strategien angelegt, damit ich wirklich regelmäßig in den Wald gehe. Meine 3 besten Tipps möchte ich dir hier mit dir teilen.

Trage deine Wald-Besuche fix in deine Agenda ein!

Tönt simpel und ist es grundsätzlich auch. Aber du solltest auch dann in den Wald gehen, wenn es an deinem Wald-Termin regnet oder wenn du gerade keine Lust hast.
Ich weiß, das fordert etwas **Selbstdisziplin** aber es lohnt sich.
Ich bin unterdessen sogar schon so weit, dass ich **andere Termine verschiebe** sollten sie auf meinen Wald-Tag fallen.

Gehe nach Möglichkeit alleine oder mit gleichgesinnten in den Wald!

Wenn du dich im Wald treiben lassen willst und ihn als Erholungsort nutzen möchtest, dann gehe nur mit Menschen die dir nahestehen und sich ebenfalls erholen möchten.
Es gibt nichts Ärgerlicheres als wenn du auf der Suche nach Erholung bist, dir aber immer überlegen musst: "Was könnte er oder sie wohl denken?"
Ich gehe aus diesem Grund eigentlich fast immer alleine in den Wald. So muss ich auf niemanden Rücksicht nehmen und kann ganz alleine „mein Ding" durchziehen.

Lege dir eine Sammlung mit Aktivitäten zurecht!

Vielleicht gehörst du zu den Menschen, die glücklich sind einfach nur im Wald spazieren zu gehen. Super! Denn dann kannst du diesen Punkt überlesen.
Ich hingegen brauche Abwechslung. Immer nur Spazieren gehen ist mir auf die Dauer zu langweilig. Entweder ich nehme mir vor ganz gezielt Vögel zu beobachten, oder nehme eine Sitzmatte mit und lausche ganz einfach den Waldgeräuschen oder sammle hübsche Gegenstände die ich später zum Basteln benutze oder betrachte Bäume ganz genau oder, oder, oder…. Meine Liste ist unterdessen sehr lang.
Bin ich mit meinen Kindern im Wald unterwegs, dann ist die Liste sogar noch vielfältiger.
Ich hoffe ich konnte dir den Wald als Erholungsort schmackhaft machen und dich inspirieren mal etwas Neues auszuprobieren.
Bis bald im Wald!

Deine Rangerin
Madeleine

Die Autorin

Madeleine Gersbach, Rangerin in der Schweiz und Mami von zwei Kindern, schätzt es mit guten Freunden und Familie zusammenzusitzen, am liebsten natürlich im Wald und rund ums Lagerfeuer.
Mit der Liebe und dem Wissen um den einheimischen Wald und die Natur ist sie groß geworden. Dennoch kam für sie aber am Ende der

Schulzeit vorerst keine „grüne“ Berufsausbildung in Frage. Als sie sich aber während ihrer Ausbildung zur Kindergartenlehrperson, für einen Studienschwerpunkt entscheiden musste, änderte sich das ziemlich rasch. Es folgten etliche Zusatzausbildungen und Fortbildungskurse und so ist der Wald in ihrem Leben beruflich wie privat, nicht mehr wegzudenken. Mit ihren Kindergartenklassen sind daher Waldbesuche im Stundenplan fix integriert und auch mit ihren eigenen Kindern ist sie viel im Wald unterwegs. Im Januar 2020 erfüllte sie sich einen langersehnten Traum und sie hat als Rangerin und Waldpädagogin selbständig gemacht. Sie freut sich, wenn sie Menschen für den Lebensraum Wald begeistern kann.

Webseite: www.rangerin.ch
Facebook: www.facebook.com/waldrauszeit

Silke Grotegut

Berufliche Neuorientierung: Neuer Job – neues Glück?

In diesem Kapitel stellt die Autorin die Frage: Berufliche Neuorientierung: Neuer Job – neues Glück? Für sie hat sich das so entwickelt. Als erfahrene Personalerin hat sie sich nach ihrem (zweiten) Burnout als Karriereberaterin selbständig gemacht und liebt ihr „schönes, neues Leben". Bis sie aber verstanden hatte, an welchen Schrauben sie im Leben drehen muss, hat es lange gedauert und sie hat einen hohen Preis dafür bezahlt.

Berufliche Neuorientierung: Neuer Job – neues Glück?

Herzinfarkt! Für mich war die Diagnose eindeutig: Mein linker Arm fühlte sich taub an, die Brust zusammengeschnürt wie von einem Eisenring. Panik stieg in mir auf. Es war ein Sonntag, und ich bin, wenn ich mich richtig erinnere, noch mit dem eigenen Auto ins Krankenhaus gefahren. Am nächsten Morgen um sechs Uhr sollte der Flieger für die Dienstreise nach Berlin starten. Wie konnte mein Körper mich nur so im Stich lassen? Das war damals der Moment, in dem mir klar wurde, dass sich etwas verändern musste.

Diagnose Burnout: Was jetzt?

Dass mein Körper keinen anderen Weg mehr sah, mir eine dringende Botschaft zu senden – das habe ich erst viel später gemerkt. Im Krankenhaus lautete die Diagnose: Es gibt keinen Herzinfarkt. Meine Organe funktionierten einwandfrei. Keine Medikamente, keine Operation

konnte mir helfen, sondern ich musste mein Leben ändern. Die Dienstreise am nächsten Morgen habe ich nicht angetreten. Stattdessen musste ich mich mit dem Thema Burnout auseinandersetzen und den Hilferuf meines Körpers endlich ernst nehmen.
Auch wenn ich den Tag mit dem vermeintlichen Herzinfarkt nie vergessen werde – den klassischen Wendepunkt, an dem plötzlich alles ganz klar ist, gab es für mich nicht. Der Weg in ein anderes, besseres Leben war verschlungen, er hatte Sackgassen und Umwege. Heute weiß ich, dass das normal ist und Wandel Zeit braucht.

Wann ist es Zeit zu gehen?

Schließlich war mir schon seit längerem klar, dass die Arbeit im Dax-Konzern mich immer weniger ausfüllte. Eine Umstrukturierung kam nach der anderen, ich hatte kaum noch Freiräume, um meine eigenen Ideen umzusetzen. Aber dafür verdiente ich schließlich als Personalexpertin gutes Geld, hatte Karriere gemacht. Meine Position brachte mir Anerkennung bei Familie und Freunden. Arbeit war für mich Pflichterfüllung, darauf war ich stolz, so bin ich aufgewachsen. In meiner Familie arbeiteten über Generationen hinweg alle Mitglieder selbstständig. Meine Eltern hatten ein Taxiunternehmen und selbst an Heiligabend lief das Geschäft weiter, es musste weiterlaufen. Spaß an der Arbeit? Dieser Gedanke spielte nie eine Rolle. Ich saß in der Karrierefalle.

Alarmsignale zu ignorieren rächt sich

Und so quälte auch ich mich mehr und mehr durch den Joballtag. Dazu kamen ständig neue Krankheiten: Rückenschmerzen, blockierte Nasennebenhöhlen, Blasenentzündung – ich kümmerte mich um die Symptome, wollte aber die wahre Ursache der Probleme noch nicht wahrhaben. Selbst nach der Diagnose „Burnout“ konnte ich nicht von heute auf morgen loslassen. Von den 14 Jahren, die ich für den Konzern gearbeitet hatte, waren viele auch gute Jahre. Der Abschied war notwendig, aber er schmerzte.

Darf ich meinen sicheren Job aufgeben?

Den Neuanfang hat mir dann meine Ärztin für traditionelle chinesische Medizin mit einem Satz ermöglicht, der für mich sehr viel bedeutet. „Das Leben ist nicht dazu da, etwas auszuhalten, sondern das eigene Potenzial zu nutzen“, sagte sie zu mir. Da war sie endlich: die Erlaubnis, das alte Leben nicht mehr aushalten zu müssen und etwas Neues zu wagen. Ich kündigte meinen Job, nicht Hals über Kopf, sondern nach gründlicher Beratung und Vorbereitung.

Emotionale Achterbahnfahrt ist normal

Danach kam allerdings nicht die große Euphorie, sondern erst einmal ein tiefes Loch. Was sollte ich mit 45 Jahren jetzt tun? Was denken die Menschen in meinem Umfeld? Bin ich gescheitert? Nach einigen Monaten Auszeit habe ich mich auf Stellen in den Personalabteilungen anderer Firmen beworben. In der Position kannte ich mich schließlich aus, es erschien mir als die sichere Variante.
Aber schon beim Zusammenstellen meiner Unterlagen fühlte ich mich bedrückt, es wurde mir regelrecht eng ums Herz. Kein Wunder: Denn was sollte sich in einem neuen Unternehmen an meiner beruflichen Stellung wirklich ändern? Es wären vermutlich die gleichen Zwänge, die gleiche Fremdbestimmung und der gleiche Druck gewesen. Nie wieder wollte ich Angst davor haben, morgens mein E-Mail-Fach zu öffnen, in dem sich die großen und kleinen Katastrophen des Konzerns zu einer persönlichen Bedrohung angesammelt hatten. Ich wollte gerne für meine eigenen Entscheidungen Verantwortung tragen, aber nicht für die eines Systems, auf das ich keinen Einfluss hatte. Die gleiche Arbeit im

neuen Umfeld – das reichte als Veränderung nicht aus. Der Schritt musste größer sein.

Was ist eigentlich wichtig für mich?

An dieser Stelle haben mir nicht nur meine Familie und Freunde, sondern auch professionelle Berater geholfen. Ich hatte ein ganzes Team von Unterstützern, und die brauchte ich auch. Ratschläge von Freunden, etwas kürzer zu treten, habe ich jahrelang einfach überhört. Jetzt war ich bereit, ihre Hilfe auch anzunehmen. Bei einem Karriere-Coaching fand ich heraus: Die Arbeit mit Menschen im Personalbereich war trotz aller Probleme im bisherigen Job das richtige Berufsfeld für mich. Ich berate gerne und bin gut darin, kreative Lösungen zu finden. Ganz klar kam in diesem Coaching auch heraus, dass Gestaltungs- und Entscheidungsspielraum extrem wichtig für mich ist. Außerdem brauche ich die Möglichkeit, frei über meine eigene Zeit zu verfügen, so dass ich mir Auszeiten nehmen kann, wenn ich sie brauche.

Was kann ich aus meinen Kompetenzen machen?

Selbst als Coach arbeiten? Dieser Wunsch nahm immer mehr Gestalt an. Eigentlich passte alles, aber am Anfang waren viele Zweifel. Der Markt ist doch schon voll mit solchen Angeboten, sagte ich mir. Und Geld lässt sich mit dieser Form der Beratung vermutlich auch kaum verdienen. Es gab viele Fragen. Schließlich habe ich zusammengetragen, was ich dafür alles mitbringe.

- Viel Erfahrung in der Beratung von Führungskräften und Mitarbeitern in beruflichen Kontexten.
- Ich hatte viele Auswahlprozesse gesteuert und darin Unterlagen gesichtet sowie Interviews geführt.
- Ich hatte drei Coachingausbildungen.

- Ich selbst habe in meiner Karriere zweimal eine neue Richtung eingeschlagen, ich wusste daher, wie sich das für Klienten anfühlt, wenn man zwar weiß, dass das Alte nicht mehr trägt, das Neue aber noch nicht sichtbar ist.

Der Sprung in die Selbständigkeit

Dann habe ich es gewagt und der Mut hat sich gelohnt. Heute arbeite ich nach meinem eigenen Rhythmus, selbstbestimmt und unabhängig von Konzern-Hierarchien. Ich entscheide, mit wem ich zusammenarbeiten möchte und welche Lösungswege ich einschlage. Fünf Jahre arbeite ich jetzt als Karriere-Coach. Die Anfangszeit war harte Arbeit. Alle, die ganz entspannt 6-stellige Beträge bei einer vier Stunden Woche zu verdienen behaupten, sind definitiv nicht im Coaching Business. Mittlerweile läuft mein Geschäft aber sehr gut. Zeitweilig muss ich schon das Schild „Ausgebucht" raushängen. Arbeit ist für mich keine Last mehr, sondern eine sinnstiftende, kreative Aufgabe, aus der ich Energie ziehe.

Der Kindheitstraum ist wahr geworden

Auch wenn es bis zur Mitte meines Berufslebens gedauert hat, habe ich mir mit der Selbstständigkeit als Coach eine Art Kindheitstraum erfüllt. Andere Menschen beraten und ihnen damit zu helfen – das hat mich schon früh fasziniert. Meine Großmutter musste mir immer wieder aus einer Kinderbibel die Geschichte von Josef vorlesen, der erst von seinen Brüdern ausgesetzt wurde und später zum Traumdeuter und Berater des Pharaos aufstieg. Du kennst Josef sicher auch. Das ist der, der die „sieben fetten und sieben mageren Jahre" voraussah. Das hat mich als Kind total beeindruckt. Schon damals dachte ich: „Die ganz Großen beraten, das will ich auch". Und heute tue ich das als Coach und Berater. So schließen sich manche Kreise.

Mein schönes neues Leben

Mit der Arbeit hat sich auch mein Leben verändert. Die Rückenschmerzen sind komplett verschwunden. Andere Symptome haben sich in den vergangenen Jahren deutlich abgeschwächt. Ich habe gelernt, Signale meines Körpers besser und vor allem früher zu verstehen. Statt im Flieger nach Berlin starte ich den Tag heute oft mit einem Spaziergang am Rhein. Ich arbeite heute immer noch sehr viel. Ich muss aber nicht mehr so viel Energie aufwenden, Strukturen und Rahmenbedingungen aushalten, die mir nicht entsprechen. Ich lege mir feste Termine für Yogastunden und Saunabesuche. So behalte ich meine Kraft. Statt schnellem Kantinenessen kümmere ich mich mehr um meine Ernährung. Ganz ehrlich: Ab und zu erwische ich mich auch dabei, in alte Muster zurückzufallen. Aber jetzt merke ich das und komme auch schnell wieder heraus.
Ganz besonders hilft mir dabei der Austausch mit meiner Freundin und Erfolgspartnerin Sandra Liane Braun. Jeden Montagmorgen treffen wir uns online und stellen uns gegenseitig folgende Fragen:

- Was geht dir gerade durch den Kopf?
- Was liegt dir im Magen?
- Was liegt dir am Herzen?

Wir reflektieren die vergangene Woche, feiern gemeinsam Erfolge und besprechen, was wir uns für die Woche vorgenommen haben. So fällt gleich auf, wenn wir uns (mal wieder) zu viel aufladen.

Ist mein Leben jetzt glücklicher? Eindeutig ja.

Die Autorin

Silke Grotegut ist Karriere- und Bewerbungscoach für Führungskräfte. Bevor sie sich 2015 selbständig machte, war sie 14 Jahre als HR-Expertin in einem DAX-Konzern tätig.

Heute berät sie ihre Klienten zu folgenden Themen:

- neue berufliche Perspektiven, z. B. nach Jobverlust oder Krankheit
- zielführende Bewerbungsstrategien
- überzeugende Bewerbungen und Social Media Profile
- Argumentationslinien für Vorstellungsgespräche
- und erfolgversprechende Verhandlungsstrategien

Webseite: www.silkegrotegut.de
Facebook: www.facebook.com/SilkeGrotegutde

Katharina Hajek

Was will ich wirklich im Leben...? – Meine persönliche Glücksformel für ein schönes Leben

In diesem Kapitel teilt Katharina mit dir ihre ganz eigene Glücksformel für „(m)ein schönes Leben". Bunt beschreibt sie, wie sie mit ihrer Leidenschaft, der positiven Psychologie, ihr weißes Lebensblatt mit wohltuenden Beziehungen, dem Sammeln von Glücksmomenten und Gefühlen befüllt. Vom Mut, Träumen nach zu gehen und dem, was sie einzigartig macht – ihre Stärken.

Meine persönliche Glücksformel für ein schönes Leben

Die Anfrage für dieses Buchkapitel und Gedankenaustausch hat mich auf dem Weg in unseren diesjährigen Sardinienurlaub erreicht. Ein Urlaub, der für mich und uns als Paar, ein ganz besonderer war, und sehr lang erträumt und gewünscht war. Und eine Auszeit, in der ich mir die Zeit genommen habe mich mit ein paar Fragen, die mich schon lange umtreiben, auseinander zu setzen. Was ist der Sinn in meinem Leben? Was möchte ich erreichen? Wofür bin ich auf dieser Welt und was macht mich – Kathi – eigentlich glücklich?
Daher hat die Frage von Sandra Liane Braun „Was will ich wirklich im Leben? Mein schönes Leben" genau ins Schwarze getroffen. So ist diese Frage in den letzten Wochen bei allem was ich getan und erlebt habe mitgeschwungen.

Zurückblickend war mein Leben eine Berg- und Talfahrt und trotzdem war ich wohl stets ein Glückspilz. Ich bin nie den leichten Weg gegangen und trotzdem habe ich meinen Weg gefunden. Ich bin in Sackgassen abgebogen und durch Einbahnstraßen marschiert. Trotzdem oder vor allem durch diese Umwege, bin ich heute wer ich bin und lebe heute ein Leben, was ich mir niemals gewünscht habe, aber mich selbst dafür mutig entschieden habe.

Ich bin zusammen mit meiner besten und langjährigsten Freundin Gastgeberin in einem Elterncafé, dass über das Haus der Familie angeboten wird. In unserer Abschlussrunde habe ich ein weißes Blatt, auf dem in der Mitte lediglich ein schwarzer Punkt zu sehen ist, hochgehoben und die Frage gestellt: „Was seht ihr?"

„Na, einen schwarzen Punkt... oder vielleicht ein kleines Loch... nein einen schwarzen, kleinen Kreis!"

Keiner hat die große, weiße Fläche auf dem Blatt bemerkt. Alle waren mit ihrem Blick bei dem schwarzen kleinen Fleck.

So geht es uns in unserem Alltag und Leben doch auch oft. Wir alle haben ein weißes Blatt Papier erhalten, dass wir bunt gestalten und genießen dürfen. Und trotzdem sind wir mit unseren Gedanken oft bei dem kleinen schwarzen Punkt. Er bündelt so viel Energie und Kraft und trübt oftmals unsere Lebensfreude, sodass wir vergessen, dass unser Leben ein einmaliges und wundervolles Geschenk ist, das wir farbenfroh gestalten dürfen. Gehen wir hingegen mit wachem und offenem Blick durch unseren Alltag werden uns viele Momente und Begegnungen bewusstwerden, die uns Grund zur Freude und Dankbarkeit schenken. Im Vergleich dazu sind die dunklen Flecken in unserem Leben meist eher klein(er) und viel seltener.

Schaue ich auf die weiße Fläche meines Lebenspapiers, dann stehen da ganz fett meine zwei Kinder, die mich die Welt nochmal mit neuen Augen sehen lassen und in mir Tag für Tag den Wunsch wecken, weiter zu denken, neue (Lösungs-)Wege zu gehen, ihnen ein Vorbild darin zu sein, an sich selbst und seine Träume zu glauben und diese mutig auszuprobieren – immer in dem Wissen, dass es Menschen gibt, die mich auffangen und halten werden.
Menschen, die mich bedingungslos annehmen, mit mir Tränentäler durchquert haben und zum richtigen Zeitpunkt ehrliche und liebevolle Worte für mich hatten, an mich geglaubt haben auch als mich der Mut verlassen hat, gehören auch auf dieses weiße Blatt Papier. Diese Lieblingsmenschen sind für mich wahre Kraftquellen.

Eine meiner Hauptcharakterstärken ist die Beziehungs- und Bindungsfähigkeit. Ich gehe in der tiefen Begegnung mit Menschen auf. Daher pflege ich vor allem Beziehungen, bei denen ich echt sein darf – mit allen Eigenarten und Besonderheiten die mich ausmachen.
Einen ganz besonderen Platz auf meinem weißen Papier erhält daher auch der Mann, der mit mir das Leben als Patchworkfamilie rockt. Der meine Ideen unterstützt, der mit mir gerne im Tiefgang abtaucht und meinen Kindern ein treuer und liebevoller Wegbegleiter ist. Eine Partnerschaft die für Neuanfang, Humor, Genuss, Leidenschaft, Liebe, Temperament, Lebendigkeit, Vielfältigkeit, Hoffnung, Großzügigkeit, Mut und Verrückt-sein steht.

Den Dingen nachzugehen, bei denen ich meine persönlichen Stärken einsetzen kann, in denen ich etwas bewirken und bewegen kann, die mich zum Strahlen bringen und die Zeit vergessen lassen, gehören auch auf mein weißes Papier. Eine meiner Leidenschaften ist die Positive Psychologie. Sie und ich haben uns gefunden und sind seither untrennbar. Die Positive Psychologie und all das, was sie mir ermöglicht hat, ist zu einem Teil von mir geworden. Mich erfüllt es, wenn ich Glücksmomente (ver)teile und anderen bei der Suche nach ihrer persönlichen Glücksformel unterstütze. Immer wieder fasziniert es mich, wie mit kleinen Interventionen und dem Blick auf das Schöne im Leben, ganz leicht mehr Zufriedenheit und Wohlbefinden in unserem Leben einziehen kann.

In einem Lied des Berliner Singer-Songwriter-Duo „Berge“ heißt es: „Glück ist die Freiheit, einfach so zu sein, wie wir wirklich sind.“ *(Auszug aus dem Song „Glück“ – Anmerkung der Herausgeberin)* Das ist tatsächlich das, was für mich ein schönes und gelingendes Leben bedeutet und wonach sich mein Herz sehnt. Stets im Bewusstsein zu leben, dass ich genau diese eine Chance habe und es an mir liegt, was ich daraus mache. Was ich jederzeit beeinflussen kann, ist mein Handeln und mein Denken und damit auch mein Glücksempfinden – selbst dann, wenn sich die Situation in der ich im Moment stecke, kein bisschen verändern wird. Und so sammle ich unaufhörlich Glücksgefühle und erinnere mich täglich daran, dass ich der Gestalter meines Lebens bin!

Herzliche Grüße und glückliche Momente wünscht dir,

deine Kathi

Die Autorin

Das tiefe Interesse für ihre Mitmenschen und deren persönliche Geschichte und Entwicklung brachte Katharina Hajek darauf, eine systemische Coachingausbildung zu besuchen. Schnell war ihr klar, dass sie diesen Weg weitergehen möchte und sich noch eine Vertiefung für ihre Arbeit wünscht. Über eine Podcastfolge, viele Gespräche und einen Erlebnisworkshop hat sie die Positive Psychologie für sich entdeckt und sich von ihr in ihren Bann ziehen lassen. Den Blick auf das Positive und Schöne im Leben zu richten und das Ziel zu verfolgen, positiv auf das Erleben und Verhalten im Alltag einzuwirken, passt zu ihrer Lebenseinstellung.
Sie ist begeistert von der Glücksforschung und der Positiven Psychologie und möchte diese wichtigen Erkenntnisse für Jeden erleb- und spürbar machen und zum Ausprobieren und Umdenken ermutigen. Sie ist davon überzeugt, dass jeder von uns seine individuelle Glücksformel finden kann.

In ihren Coachings und Seminaren ermutigt sie kreativ und spielerisch dazu, das Glücklich sein keine Glückssache ist, sondern selbst in die Hand genommen werden kann. Gemeinsam erarbeitet sie mit ihren Klienten und Teilnehmern das gute Leben und macht die persönliche Glücksformel für Jeden greifbar. Lebensnah, alltagstauglich und mit viel Freude und Humor lädt sie dazu ein Neues auszuprobieren, sich aus der eigenen Komfortzone zu bewegen und sich dabei die individuelle Frage zu stellen: „Was macht mich eigentlich glücklich?"
Kein Wunder also, dass sie selbst leidenschaftlich gerne Glücksmomente und Glücksgefühle sammelt und ihr Leben danach ausrichtet, was sie glücklich macht und zum Strahlen bringt.

Webseite: www.herzklang-coaching.de

Annett Hansen

Was will ich wirklich in meinem (Haut-) Leben?

Was ist ein schönes Leben? Gibt es nur das eine Leben? Wie bezahlte ich den Traum im Leben, schön zu sein? Die Antworten auf die Fragen findest du hier. Dieser Artikel erzählt ein wenig aus meinem Leben, obwohl ich dahingehend eher zur Introvertiertheit neige.

Was will ich wirklich in meinem (Haut-) Leben?

Ein schönes Leben = Ein Traum? Was macht ein schönes Leben aus?
Viel Geld? Ein großes Haus? Eine Familie? Kinder? In den Urlaub reisen?
Gutes Aussehen? Anerkennung im Beruf? Karriere?
Oder eher: Liebe. Harmonie. Zufriedenheit. Glücklich sein. Freiheit. Gesundheit.
Was denkst du?

Träume?

Neidisch blicke ich auf die, die von Kindesbeinen an Träume für ihr Leben haben.
Und diesen Traum verwirklichen.
Ich kann mich gar nicht an einen Traum aus Kindertagen erinnern. Wahrscheinlich war es einer der üblichen: Prinzessin sein, fliegen können ...
Mich begleiteten eher Wünsche. Die wechseln. Abhängig von der Lebenssituation.
In der Jugend wünschte ich mir Duplo. Joghurt. Plastetüten. Coladosen. Haarspray von Gard. Make up von Loreal. Wieso?
Ich bin ein Ost-Ostseekind und war auf das angewiesen, was innerhalb unserer Grenzen angeboten wurde. Das aufkommende Fernsehen

machte mich zum Jäger und Sammler solcher bunten, schillernden, paradiesisch anmutenden Dinge.
An die war schwer heran zu kommen.
Und ich der Sieger, wenn ich eines der Dinge in meinem Zimmer stehen hatte.
Ich ahnte noch nicht, dass Kosmetikprodukte später mein Leben bestimmen würde.

Du hast nicht nur ein Leben

In meinem ersten Leben war ich Gastronomin.
Das war ganz und gar nicht mein Traum! Aber der einzige Ausbildungsplatz, der noch übrig war, während alle anderen schon stolz auf ihre Verträge blickten.
Ein Kostüm zu tragen und als Managerin durch die Hallen eines Hotels zu laufen – das war der Wunsch, der sich hier manifestierte. Er wurde wahr. Mein Traumberuf war das jedoch nicht.

So begann ich mein zweites Leben:

Studentin. Das Ziel: entspanntere Arbeitszeiten als im Hotel. Ein unbefristeter Arbeitsvertrag. Mehr Gehalt. Weniger körperliche Anstrengung. Abschluss: Assessorin für Ernährungswissenschaften.

Mein drittes Leben ist eher geprägt durch Krankheiten.

Hautkrankheiten. Hautallergien. Hautpilz. Neurodermitis gepaart mit Haarausfall. Schuppenflechtenartiges Ekzem.
Diese Krankheitsleiter bestieg ich seit meiner Jugend erfolgreich. Mit Hilfe von Antihistaminika, Cortison, Cremes, Salben. Das half. Drängte schön die Symptome zurück und ließ mich so eine Stufe nach der anderen erklimmen.

Das Fass war irgendwann voll. Meine rosarote Pillen-Creme-Vertrauensbrille zerbrach in tausend Stücke.
Ein langer, steiniger Weg und mein Liebesaus mit der Kosmetik- und Nahrungsmittelindustrie begannen.
Lang und steinig, weil mich das viele Ausprobieren von Detoxkuren, „natürlichen" Nahrungsergänzungsmitteln und Ernährungsrichtungen zwar weiterbrachten, aber eben doch keine dauerhaft gesunde schöne Haut oder Haare.

In meinem dritten Leben bin ich Expertin für natürlich schöne Haut und Haare und unterstütze Frauen auf ihrem Weg zu ihrer Wohlfühlhaut.
Wenn sie keine Lust auf Experimente mehr haben.
Sie wissen wollen, warum Haut und Haare wirklich verzweifeln.
Wenn sie an der Ursache ansetzen möchten.
Und durch einen natürlichen Umgang mit ihrem Körper Haut und Haaren die Chance zum Gesunden geben wollen.
Die Abkürzung bevorzugen.
Mein Herz geht auf, wenn ich Frauen raus aus der Abhängigkeit von Produkten in eine natürlich schöne Haut- und Haarzukunft begleiten kann.
Ihre Dankbarkeit erfahre. Sie mir ihr Vertrauen schenken.
In diesem dritten Leben will ich Hunderttausende Frauen mit meiner Botschaft erreichen. Sie stärken und motivieren, sie selbst zu sein. Einfach natürlich schön.

In welches Leben möchtest du als nächstes gehen?

Mein schönes Leben – Vielleicht auch dein schönes Leben?

Grundlage für mein schönes Leben ist die Investition in mich und meine Gesundheit. Denn das gibt mir Zufriedenheit, Glücklichsein, freie und unabhängige Entscheidungskraft.

Und damit die Kraft und Energie für meine beruflichen und privaten Projekte.
Ein schönes Leben kann es nur mit der Natur geben.
Sie gibt uns den Sauerstoff zum Atmen, das Sonnenlicht zum Leben, Lebensmittel zum Funktionieren unseres Körpers ... Kostenfrei gibt es Ruhe, Entspannung, Vielfalt und Wunder dazu.
Du und ich sind „Produkte“, nein – Wunder der Natur.
Deswegen ist es so wichtig, nach ihren Regeln zu leben.
Sonst kommt die Rechnung.
Ja – meinen jugendlichen Wunsch nach gut duftender Kosmetik in schönsten Verpackungen sowie süßer Verführungen in Form von zart schmelzender Schokolade, frischen luftigen Brötchen und leckerem Kuchen habe ich mir tausendfach erfüllt.

Wofür?

Der Traum von Schönheit und Genuss.
Nur mit dem Haken: es ist nicht alles Natur. Auch nicht unbedingt das, wo Natur draufsteht.
Ich habe meine Rechnung für meinen naiven Glauben an die schönen, wohl formulierten, bildhaften Versprechungen auf Produkten mit meiner Haut- und Haargesundheit bezahlt.
Du brauchst das nicht! Denn ich zeige dir im Kosmetik- und Nahrungsmitteldschungel den Weg zu deiner Wohlfühlhaut.

Ist ein Leben nur schön, wenn man schön ist?

Schönheit ist subjektiv. Was ist schön? Blond? Braun? Blaue Augen? Groß? Klein? Apfelpo? Birnenpo? Fraulich? Männlich? Du wirst nicht geliebt wegen einer glatten, rosigen Haut und einer seidig glänzenden Wallemähne. Du wirst geliebt wegen deiner Fürsorge für die Kinder. Wegen

deines Humors, der deinem Gegenüber den Tag heller macht. Wegen deines offenen Ohrs für die Sorgen anderer. Für dein warmes Herz.
Ist ein Leben nur schön, wenn man schön ist? Nein. Nur wenn man natürlich schön gesund ist.
Dann hast du die Kraft für das Verwirklichen aller deiner Träume.
Also träume weiter. Liebe dein Leben. Achte es, indem du auf dich achtest. Höre auf deine innere Stimme und deine Intuition. Wertschätze deinen Körper, indem du gut mit ihm umgehst. Denn das ist deine „Maschine“, um zu leben.

Du bist ein Geschenk. Schau, was du wirklich willst in deinem Leben. Und triff Entscheidungen. Am Ende zählen nicht die Scheine auf dem Konto, das große Haus, das Aussehen. Sondern die Momente der Freude, die Zeit mit Familie und Freunden in Gesundheit genossen. Gehöre nicht zu denen, die so leben, als würde es ein zweites Leben in der Hosentasche geben.
Denn es gibt eine Sache, die bei Verlust für immer verloren ist – das ist DAS LEBEN.
Deswegen mach dein schönes Leben daraus.

Die Autorin

Annett ist Expertin für natürlich schöne Haut und Haare, Augenöffnerin im Kosmetikdschungel & Pflegewahnsinn, Happy Agerin und gibt Impulse & Inspirationen für Frauen, die natürlich schön sein wollen. Sie steht sowohl für #echteNatürlichkeit, als auch für #NoBullshitSkinAndHaircare und zeigt Frauen den Weg zu ihrer Wohlfühlhaut, damit sie endlich wieder in Selbstliebe glücklicher und selbstbewusster ihr Leben genießen können.

Webseite: www.annetthansen.de
Facebook: www.facebook.com/natuerlich.schoen.gesund.by.Annett.Hansen

Petra Hirsch

(M)ein schönes (Hotelier)-Leben

Als die Autorin und ihr Ehemann 2016 voller Euphorie ihr Herzensprojekt eröffnet haben, konnten sie nicht ahnen, wie viele Steine ihnen in den Weg gelegt werden würden.
Und sie haben alles gemeistert.
Auch jetzt – in einer für Viele schwierigen Situation – gehen sie zuversichtlich ihren Weg. Gestützt werden sie von wundervollen Freunden und Partnern.

(M)ein schönes (Hotelier)-Leben

Als Sandra Liane Braun zu diesem Buchprojekt, mit der Frage „Was will ich wirklich im Leben? – Mein schönes Leben“ aufrief, habe ich wirklich erst mal überlegt, denn aktuell sind wir durch die Corona-Pandemie doch sehr „gebeutelt“. Und nach wie vor „krabbeln“ Ängste nachts über die Bettdecke.
Eine Geschäftspartnerin hat es vor Kurzem so formuliert: „Hotelier im Jahr 2020 ist wahrlich kein Traumberuf! Durchhalten, stark sein, aushalten und hoffen…“ Genauso ist es!
Doch nach einem kurzen Innehalten habe ich (wieder) festgestellt: ich bin (trotz aller aktuellen „Widrigkeiten“) glücklich! JA! Und irgendwie war das schon immer so.
Wenn ich mal nicht mehr richtig glücklich oder unterfordert war, Umstände nicht mehr aushalten wollte oder mir Steine im Weg lagen, habe ich mein Leben aktiv geändert. Manche Türen musste ich schließen, um andere zu öffnen. Oft auch unfreiwillig. Doch es hat sich gelohnt! Da ich von Natur aus ein positiver Mensch bin, offen und ohne Vorurteile auf

Orte, Menschen, Aufgaben und vieles mehr zugehe und begeistern kann, scheint es, dass mir Vieles zufliegt. Das ist nicht so. Erleichtert mir jedoch jede Veränderung.

Was war dein Traum, als du noch Kind warst? Dein Berufswunsch? Eine Familie gründen? Durch die Welt reisen oder ein Lamborghini in deiner Garage?

Nichts davon. Ich bin 1965 in der DDR geboren und in Thüringen aufgewachsen. Mein Leben schien „vorbestimmt". Und das war auch in Ordnung so. Ich kannte es ja nicht anders...

Gab es Wendepunkte in deinem Leben?

Der größte Wendepunkt für mich war natürlich die „Wende". Mitte 20. Türen, Tore, die Welt standen plötzlich offen. WOW! Ich hatte Glück. War kurz vor dem Diplomabschluss. Noch schnell zwei Semester drangehängt. Und los ging's. Ich konnte mit vollen Händen zugreifen.
So startete ich in Weimar bei der Commerzbank meine Karriere. Die mich über viele Stationen schließlich als Vermögensberaterin nach Augsburg zu Merck Finck gebracht hat. Ich habe in den Banken verschiedenste Jobs, in verschiedenen Städten ausgeübt. Alle mit viel Freude und Engagement. Und (daher?) stets mit Erfolg. Zwischenzeitlich hatten wir auch mal drei Schülerhilfen. Zwei davon erfolgreich. Eine haben wir schließen müssen.
Doch irgendetwas fehlte. Mit Ende 40 war mir schlagartig klar: Bank war super. Doch jetzt MUSS noch etwas Anderes kommen.
Und so kam der zweite große Wendepunkt in meinem Leben: Mein eigenes Hotel. Gemeinsam mit meinem Mann. In Landau, in der schönen Südpfalz.

Beschreibe dein heute. Dein schönes Leben und warum es für DICH ein schönes Leben ist.

Aktuell ist alles anders. Ich bin trotzdem glücklich und mein Leben in der Pandemiezeit sieht anders aus als sonst.

Was brauchst du für DEIN schönes Leben?

Ich habe festgestellt, dass ich beruflich nur in der Selbstständigkeit die volle Erfüllung finde. Dass ich nur als Hotelier wirklich alle meine kleinen und großen Talente einsetzen kann. Es macht mich glücklich, dass ich mit meinem Mann unseren Traum vom Hotel leben darf. Dass ich in einer wundervollen Region lebe.
„Wir lieben was wir tun“ ist für uns keine Floskel. Jeder, der uns kennt, kennenlernt, der Gast ist oder mit uns arbeitet, sieht das.
Unsere Gäste sind wirklich überaus angenehm. Es macht uns Freude, sie zu beherbergen und zu bewirten. Zudem erweitern sie unseren Horizont. Wir sind überzeugt, man bekommt die Gäste/Kunden/Mitarbeiter, die man (sich) verdient. Die zu einem passen.
Wir sind stolz auf unser Maximilians. Und das dürfen wir auch sein.
Auch unsere Partner sind handverlesen. Alles kleine inhabergeführte Unternehmen – wie wir. Es macht viel Freude, mit ihnen zu arbeiten.
Außerdem habe ich ein erfülltes Privatleben. Wir nehmen uns immer wieder Auszeiten. Pflegen Freundschaften. Genießen die Natur. Sind immer gerne draußen.
Natürlich ist es aktuell (in der Pandemiezeit) nicht immer "prickelnd". Wir schauen besorgt Richtung Zukunft. Wenn die Zuversicht mich mal verlässt, suche ich mir Schultern. Rückhalt. Mutmacher.
Einen "Plan B"? Den haben wir nicht. Hatten wir noch nie. Wir leben und handeln stets im Hier und Jetzt. Die Zukunft kommt, wie sie kommt.

Auch die Vergangenheit ist (jetzt) nicht wichtig. Wir werden die Umsatzzahlen aus dem Vorjahr lange nicht erreichen. Wir vergleichen uns also im aktuellen (Corona)Markt. Und da liegt unser Maximilians richtig gut.

Meine persönliche „Glücksformel" für dich

Habe Mut, Urvertrauen, Flexibilität, Hartnäckigkeit. Schaffe dir ein gutes Netzwerk aus Familie, Freunden und Partnern.
Und nutze die Portion Glück, die zu jedem Gelingen notwendig ist. Greife zu, wenn es „an die Tür klopft".

Mein besonderer Tipp für dich

Fordere dein Netzwerk. Hole dir (professionelle) Unterstützung. Niemand kann alles oder schafft alles alleine.
Du hast auch ein Hotel, Ferienwohnungen oder ähnliches? Oder planst es? Gerne können wir uns austauschen/vernetzen.

Natürlich würde ich mich sehr freuen, wenn du mich mal besuchst. Unser Hotel und unsere Appartements sind wirklich richtig schön. Und Landau und die Region Südliche Weinstraße mehr als eine Reise wert...

Herzlichst,
deine Petra Hirsch

Die Autorin

Das ist Petra Hirsch. Wahlpfälzerin. Sie hat sich mit ihrem Mann einen Traum verwirklicht. Und in 2016 ihr eigenes Hotel eröffnet.

Bei allem Auf und Ab verliert sie nur selten und dann nicht lange, den Mut und die Zuversicht. Sie packt gerne an. Und hat ihr Leben schon mehrfach umgekrempelt.

Jetzt ist sie angekommen. Und trotz vieler aktueller Sorgen glücklich. Auch sie möchte dir mit ihrer Geschichte Mut machen. Dich inspirieren, neue Wege zu gehen.

Das Maximilians im Netz:

www.maximilians-landau.de
www.facebook.com/maximilians.landau
www.instagram.com/maximilians.landau

www.maximilians-edenkoben.de
www.facebook.com/maximilians.edenkoben
www.instagram.com/maximilians.edenkoben

Andrea Hohlweck

Was will ich wirklich im Leben? ... oder darf ich das immer wieder neu entscheiden?!

In diesem Kapitel geht es darum, dass die Autorin diese Frage gar nicht wirklich beantworten kann und will. Und auch darum, wie ihre Krisen ihr in vielen Dingen auch Frieden und Zufriedenheit geschenkt haben. Sie möchte das Leben weiterhin als Reise betrachten, denn wer weiß, was ihr morgen wichtig ist?

Was will ich wirklich im Leben?

Diese Frage ist nicht leicht zu beantworten – als Kind (müsste Ende Grundschulzeit gewesen sein) schien es mir erstrebenswert, Winnetou zu sein. Ich wusste wohl, dass das kein Beruf ist, wollte aber so leben wie er: sich einsetzen für die Schwächeren, für Gerechtigkeit sorgen, immer draußen und im Zelt (Tipi) leben, Abenteuer bestehen, und all das natürlich mit eigenem Pferd und bestem Freund. Ein bis zwei Jahre später hatte ich die Idee Kapitänin zu werden (auf einem kleineren Schiff – kein Kreuzfahrtdampfer), immer den Wind um die Nase, unter freiem Himmel navigieren können, unabhängig über die Meere schippern (ich liebe das Meer und habe es mit 12 oder 13 das erste Mal gesehen).
Abgelöst wurde dies von verschiedenen Wünschen, etwas mit den Händen zu schaffen, kreativ oder handwerklich. Ich hatte auf dem Gymnasium das Gefühl, nur noch aus Kopf zu bestehen und nur nach Leistung beurteilt zu werden – wenig erfreulich. Schule war ok – aber Spaß gemacht hat es nicht wirklich und es trug auch nicht dazu bei, dass ich herausfand, was ich wirklich will.

Rückblickend verstehe ich die manchmal wilden Kurven in meinem Lebensweg ganz gut. Was sich in den ersten 10 bis 20 Jahren schon abzeichnete, war mein starkes Unabhängigkeitsmotiv. Und um dem einmal vorzugreifen – die Idee, Familie zu gründen, musste warten, bis ich ca. 34 war. Das klingt vielleicht wilder, als es ist – ich lebe seit 23 Jahren in einer Partnerschaft (unterdessen Ehe). Dennoch war mir klar, dass Kinder bekommen nochmal eine ganz andere Hausnummer ist, aus der ich mich nicht einfach verabschieden könnte.

Krise 1

Es waren auch Jahre, in denen ich mir dessen bewusst wurde, dass ich zum Teil auf dem Gymnasium eine Außenseiterin war. Das war kein schönes Gefühl. Von 38 Kindern waren wir lange Zeit nur 4 Kids, die nicht aus den klassischen Akademikerfamilien kamen. Und wer noch in den 80ern eine weiterführende Schule besucht hat, kann sich evtl. erinnern, dass es enorm wichtig schien, echte Levis Jeans, Le Frog Jacken oder Benetton Pullis zu tragen. Und die Liste der Statussymbole wurde ergänzt mit den Hobbys Tennis, Klavier und Skifahren. Da war ich raus.

Chance 1

Es war aber gleichzeitig auch die Möglichkeit herauszufinden, wer ich bin, was mir wichtig ist und welche Leute mir guttun. Ich fand (auch dort war die Dichte der Akademikerkids hoch) Menschen, die sich wie ich für Themen wie Friedensbewegung, Umweltschutz etc. begeistern konnten.

Krise 2

Unglücklicherweise hatte ich mit 17 einen fiesen Unfall mit einer Kettensäge und ein nicht sehr einfühlsamer Arzt meinte: „Geh studieren, denn mit der Hand geht noch nicht mal mehr Schreibmaschine."

Chance 2

Hier im Saarland gibt es einen Ausdruck für eine bestimmte Haltung (die bei mir durchaus recht ausgeprägt ist): „graadseläädsǃ" Sowas wie: Jetzt erst recht.
Also kein Studium – ein Handwerk!
Ich habe das große Glück, dass meine Eltern mir zutrauten, gute Entscheidungen für mich zu treffen. Somit habe ich sofort – noch vor der Abifeier – meine Siebensachen gepackt, mir ein WG-Zimmer und eine Ausbildungsstelle zur KFZ-Mechanikerin gesucht. Ohne zu wissen, wie ich das finanzieren soll (ich zwinkere). Denn das ist mir heutzutage auch klar – Sicherheit ist mir nicht sonderlich wichtig.
Als Frau war ich in dem Job Ende der 80er eine echte Rarität (es gab genau 2 im Saarland). Und dann kam die Ernüchterung, dass ich das Schrauben zwar konnte und es befriedigend fand – aber auch langweilig auf Dauer. Und zudem wurde auch klar, dass die Zeit noch nicht reif war für eine weibliche KFZ-Gesellin (zu viele Männer fuhren rückwärts wieder aus der Werkstatt, wenn sie mich sahen). Und wieder lernte ich etwas über mich: Ich brauche Abwechslung und bin nicht willig, mich täglich neu zu beweisen.
Also studierte ich Psychologie. Weil, wie ich fand, frau als Psychologin alles mögliche machen kann und ich mich erstmal nicht festlegen musste. Außerdem waren das aus meiner Sicht die sympathischsten und reflektiertesten Studenten (verzeihe meinen jugendlichen Snobismus).
Ich bin stolz darauf, dass ich mich selbst finanzierte (diverse mehr oder weniger spannende Jobs von Putze, über Zirkuskasse, über Erziehungsbeiständin fürs Jugendamt, wissenschaftliche Mitarbeitern, klassische Servicekraft, Köchin, etc.).

Selbst nach dem Studium wusste ich nicht, was ich arbeiten will – ich wusste, dass es vermutlich viel zu viele Dinge gibt, für die ich mich begeistern kann. Und ich bewarb mich auf eine Prozessberaterinnenstelle in der Automobilbranche – die schien mir vielfältig genug. Ich hatte irre Schiss, dass die irgendwann dahinterkommen, dass ich nix kann (Impostorsyndrom und irgendwie auch ein Nebenprodukt des Bildungssystems…). Und das Beste war – die Stelle war befristet! Ich fand das spitze, denn 2 Jahre Stuttgart konnte ich mir gut vorstellen. Leichte Beklemmungen bekam ich, als die Stelle zügig entfristet wurde und alle mich beglückwünschten. Ich blieb 17 Jahre in Stuttgart und 15 Jahre und 2 Wochen im Konzern. Ich wechselte innerhalb des Konzerns 4-mal die Stelle und bewegte mich immer dann weiter, wenn der Routineanteil zu hoch wurde.

Krise 3

In diesen Jahren durchlebte ich eine recht akut verlaufende Hashimoto Thyreoiditis (Autoimmunkrankheit der Schilddrüse – unterdessen gut eingestellt), die mich körperlich und psychisch völlig aus dem Lot brachte. Ich versuchte, dies möglichst offen zu machen (innerhalb gewisser Grenzen) und litt einfach furchtbar, da einfach auch mein bisheriges Selbstbild „Eigentlich kann ich alles erreichen, wenn ich will“ zerbrach. Wonderwoman war eben doch eine Comicfigur. Zudem machte es uns einen Strich durch die Familienplanung. Geduld und Demut waren gefordert und der Aufbau bzw. vielmehr Umbau meines Selbstbildes.

Chance 3

Ich ließ Wonderwoman ziehen. Und ich kann unterdessen meine sehr sensiblen Seiten besser zulassen. Der Umbau und die Neugestaltung meines Selbstbildes dauert noch an und unterdessen kann ich dies mit

Neugier betrachten und habe nicht mehr das Gefühl, in einem fiesen Horrorstreifen gelandet zu sein.
In der Kinderwunschsache ließen wir uns übrigens helfen – die Zwillinge sind heute 10. Ein großes Geschenk!!
Als die Mädels 5 waren, habe ich eine Funktion als HR Business Partnerin übernommen, weil ich dachte, dies würde mein Profil gut abrunden (rund war daran bisher nämlich nicht soviel).

Krise 4

Die ersten Monate fand ich recht spannend und meine Kollegen versicherten mir, dass ich den coolsten Job überhaupt hätte. Und dann empfand ich zunehmend Langeweile und wenig Lust – der Anteil des Administrativen war für meinen Geschmack zu hoch. Für das, was von mir erwartet wurde, fand ich mich zu gut bezahlt und politische Spielereien reizten mich nicht genug. Und gleichzeitig stand es um unsere Ehe nicht zum Besten. Sprich: Zwei große Lebensbereiche zehrten eher, als dass ich dort Energie bekam.

Chance 4

Ich traf die Entscheidung, den Konzern zu verlassen und mich zu sortieren. Schon da mit dem Gedanken freiberuflich als Psychologin, Coach, Prozessberaterin, Trainerin zu arbeiten. Gleichzeitig fanden wir eine großartige Paartherapeutin.
Natürlich hatte ich auch Angst, dass das mit der Freiberuflichkeit nicht klappt – bin zwar recht offen, aber doch auch introvertiert – sprich: Akquise ist für mich eher ein Höllengeschäft. Also suchte ich mir Netzwerkpartner.
Alle, also wirklich alle, sagten mir, ich müsse ein klares Profil zeigen (auf Webseite und Co.), mich fokussieren auf entweder eine Branche oder ein bestimmtes Angebot ...

Beides gehört nicht zu meinen Kernkompetenzen.
Ich weiß heute, dass ich Vielfalt brauche, um zufrieden zu sein. Und ja, das führt unter Umständen dazu, dass Kunden nicht gleich wissen, wo sie mich einsortieren. Ich bin also eher sowas (hier spricht die Handwerkerin) wie ein Multitool – weniger ein Präzisionswerkzeug.
Damit habe ich mittlerweile meinen Frieden gemacht und stehe dazu. Und dafür werde ich auch geschätzt: dass ich eher für ein „sowohl als auch" stehe und es für mich eine wunderbare Farbpalette jenseits von Schwarz und Weiß gibt.
Und auch wenn es vielleicht oberflächlich klingt – die Umgebung, in der ich arbeite, ist mir wichtig. Ich bin Ästhetin – ich mag schöne Dinge und Räume und es hilft mir, wenn diese zu mir passen (nie wieder hellgraue Büromöbel!).
Und ich habe eine Grundgelassenheit: „Wird schon irgendwie".

Ich habe ein schönes Leben: Ich darf immer dazulernen (immens, was frau und man von den eigenen Kindern lernt), mir meine Vielfalt und Unabhängigkeit bewahren, bin recht friedlich im Umgang mit mir und anderen (!), konnte mich von der Idee verabschieden, dass ich Expertin für irgendwas sein muss, und freue mich immer wieder darüber, dass ich viele meiner Schritte gegangen bin und nun das machen darf, was mich erfreut.
Ich will mir die Offenheit bewahren, das Leben als Reise zu betrachten und die Frage nach dem, was ich wirklich will, nicht final zu beantworten. Denn wer weiß, was das morgen ist?

Die Autorin

Andrea liebt die scheinbaren Widersprüche im Leben (was sollte man auch von einer KFZ-Mechanikerin mit Diplom in Psychologie sonst erwarten). Mit ihrer Fähigkeit zum „Sowohl als auch"-Denken entdeckt Andrea oft auch Farben jenseits von schwarz und weiß. Mit Ihrer Co-Workerin Sandra Liane Braun teilt sie vieles – zum Beispiel die Leidenschaft für gutes Essen und guten Wein (sie zwinkert). Was sie bisher nicht mit ihr teilte ist die Leidenschaft für Newsletter, Blogs etc. Im Sommer 2020 waren die beiden zusammen in der „Händständ Gäng" aktiv: Ziel war es Handstand zu lernen und ins story doing in sozialen Netzwerken zu kommen. Beides außerhalb Andreas Komfortzone – und damit durchaus auch attraktiv. Also begann Andrea kleinere bis mittlere Beiträge sehr persönlicher Art zu verfassen und auch zu posten. Und siehe da – das machte ihr richtig viel Spaß! Und dann kam Sandras Aufruf zu diesem Buch... den Rest kennst du.

Webseite: www.andreahohlweck.de
Facebook: www.facebook.com/ProzesseMenschenSysteme

Tanja Hug

Glücklichsein ist eine Wahl

Was wäre, wenn Glück einfach nur eine Wahl ist, die jeder für sich treffen kann? Sehr viele Jahre habe Tanja ihr Glück von Dingen, Menschen, Ereignissen abhängig gemacht und war unglücklich, wenn es eben nicht so lief, wie sie es wollte. Auch die Suche nach einem roten (Lebens)Faden, ihrer Seelen-Aufgabe, hat ziemlich viele Jahre gedauert. Wie sie den roten Faden gefunden hat, was sich dann geändert hat und wieso sie sich jetzt erlaubt, Glück zu wählen, einfach sie selbst zu sein und immer mehr ihrer Energie zu folgen – das erzählt sie dir in diesem Kapitel. Sie möchte dich inspirieren, auch für dich mehr Glück zu wählen und zur besten Happy You-Version zu werden, die du sein kannst. Täglich etwas mehr.

Glücklichsein ist eine Wahl

Ich male mir die Welt, wie sie mir gefällt – dieser Spruch kommt eigentlich von meiner großartigen Mentorin Pippi (Langstrumpf). Ich habe ihn ein bisschen abgewandelt, weil er so besser passt für die Story, die sich mein Leben nennt.

Wenn ich heute so in den Rückspiegel schaue, dann sehe ich den roten Faden ganz klar vor mir. Doch wirklich klar war da viele Jahre überhaupt nichts. Ganz im Gegenteil, ich habe ziemlich lange nach meinem Warum im Leben gesucht und war irgendwann ganz schön verzweifelt, weil ich nicht so recht wusste, was ich denn Sinn-volles tun möchte. Nun gut, ich habe jede Menge Dinge ausprobiert, weil es immer wieder in mir gekribbelt und gehibbelt hat, wenn etwas Neues anstand. Als Barbara Sher den

Begriff Scannerin geprägt hat, war plötzlich vieles klarer. Ja, manchmal braucht es wohl ein Label. Inzwischen benötige ich das nicht mehr, doch vor einigen Jahren war das äußerst wohltuend.

Kürzlich war ich mal wieder bei meinen Eltern zu Besuch und wir haben alte Fotoalben durchgeblättert, weil ich für eine Geburtstagsfeier ein Kinderfoto benötigt habe. Als wir dann so gemütlich am Kaffeetisch saßen, den weltbesten Mama-Kuchen gegessen und durch die Alben geblättert haben, hüpften jede Menge kleine und große Storys durch meinen Kopf.

- Mit 3 Jahren bin ich sogar tatsächlich ziemlich häufig auf- und ab gehüpft. Ziemlich hoch – manchmal aus purer Freude, weil das Leben so grandios war, und manchmal vor überschäumender Wut, weil nicht immer alles so lief, wie ich mir das ausgemalt hatte.
- Als kleines Lockenköpfchen (ja, die hatte ich tatsächlich mal) im selbst gebauten Kinderzimmer-Zelt, ganz vertieft in abenteuerliche Phantasiespiele mit meinen (für andere unsichtbaren) Freunden.
- Bäuchlings auf dem Fußboden liegend mit geballter Faust und einem Buntstift darin – ganz vertieft ins Malen. Jahrelang habe ich tatsächlich auf diese Art und Weise gemalt.
- Das waren quasi meine allerersten Flow-Erlebnisse. Auch wenn ich sie damals noch nicht so bezeichnet habe.
- Dann mit Schultüte, ratzekurzen Haaren und schief gelegtem Kopf – nicht so sicher, was da wohl kommen wird und ob ich das mögen werde.
- Hüpfend und lachend auf dem Trampolin oder mit Rollschuhen über die kleine Straße vor meinem Elternhaus düsend – oft zusammen mit Freunden. Meinen absoluten Lieblingssportarten, die mich so richtig glücklich gemacht haben.

- Immer wieder mit Buntstiften oder Pinseln in der Hand. Einige der kleinen Kunstwerke habe ich dann auch in einem lokalen Geschäft und auf Märkten verkauft.
- Ziemlich viele vollgeschriebene Notizbücher mit kurzen und langen Geschichten und inspirierenden Worten, die einfach aus mir raus wollten.
- 1001 Mal habe ich mein Kinderzimmer umgestaltet, neu angemalt (mit Papas Hilfe, der Maler war), neu dekoriert. Mit dem, was ich hatte, und trotzdem sah es immer wieder komplett anders aus.
- Mit der Taschenlampe unter der Bettdecke am Lesen, weil das Buch einfach zu spannend war, um es auf die Seite zu legen.

So viele kleine & große Glücksmomente...

Hach, wie leicht & beweglich die Welt damals war – und vor allem wie bunt & aufregend. Diese Energie von damals wieder zu spüren ist einfach wunderbar und sehr spannend zu sehen, wie der rote Faden sich damals schon aufgerollt hat. Schreiben, lesen, malen, kreieren & neu gestalten fand ich schon immer großartig.

Auch wenn Pippi meine Mentorin ist und irgendwie schon immer war, war ich ziemlich häufig Annika. Zu ängstlich, um etwas Neues zu wagen. Zu vorsichtig, um einfach mal loszugehen und mir den Weg unter die Füße schieben zu lassen – wie das ja gerne mal passiert, wenn man einfach losläuft. Zu oft habe ich daran gezweifelt, ob das wirklich richtig ist, was ich da tue, und ob ich überhaupt richtig bin. Diese Bewertungen haben dann natürlich dazu geführt, dass ich mich noch mehr hinter Annika "versteckt" habe.

Am besten war es immer dann, wenn ich meinen ängstlichen Kopf zuhause gelassen und meiner abenteuerlichen Seele das Kommando überlassen habe. Dann wurde es sogar richtig guuut.

In meinem kleinen Heimatort wurde es mir ziemlich schnell viel zu eng, so habe ich mich von meinem langjährigen Freund getrennt (obwohl alle dachten, dass die Hochzeitsglocken läuten und die Kinderchen demnächst kommen würden), bin alleine in die große Stadt gezogen (na ja, sooo groß ist Freiburg dann auch wieder nicht), habe ein BWL-Abendstudium abgeschlossen (zwischendurch auch ziemlich stark damit gehadert & mich durchgekämpft) und neue Freundschaften geschlossen. Interessanterweise wollte ich immer etwas künstlerisches tun, habe mich dann aber fürs schnöde BWL-Studium entschieden. Ein rotes Fädchen, das der Türöffner für spätere Jobs im (Online)Marketing war. Diese Jobs haben mich gefordert und gefördert, jedoch nie mein Warum erfüllt & die Frage nach meinem Lebens-Sinn beantwortet. Dieser Frage bin ich weiterhin nachgegangen ... in ziemlich vielen Weiterbildungen, Kursen, Gesprächen und Büchern.
So kamen dann neue Energie-Impulse in mein Leben. Ich habe Feng Shui in mein Zuhause einziehen lassen und regelrecht gespürt, wie sehr meine inneren und äußeren Räume und überhaupt meine ganzen Lebensthemen mit meinen Räumen verknüpft sind. Hach, und wie unwahrscheinlich gut es tut, immer wieder auszumisten und loszulassen, was nicht mehr zu mir und meinem Leben passt. Wie kann auch großartiges Neues ins Leben kommen, wenn die Türen blockiert sind mit altem Krempel? CQM und kürzlich Access Consciousness haben dann dafür gesorgt, dass ich immer bewusster mit Energien war und immer mehr davon in meine inneren und äußeren Räume eingeladen habe.
Zwischendurch bin ich alleine durch Australien gereist (zum damaligen Zeitpunkt war das eine Riesenherausforderung für mich), habe inspirierende Menschen kennen gelernt und gespürt, wie stark ich sein kann & was für tolle Abenteuer auf mich warten, wenn ich mir selbst und dem Leben vertraue. Irgendwie ruckelt sich immer alles so hin, dass es wunderbar passt – wenn man den Mut hat, einfach mal loszugehen. Das war sicherlich ein ganz wichtiges Learning aus dieser Zeit für mich.

Mit einem neuen Mann kam dann auch der Umzug in die Schweiz – hier lebe ich immer noch, inzwischen seit über 12 Jahren, und fühle mich nach einigen Startschwierigkeiten sehr wohl. Zusammen mit Mr Happy habe ich dann den Reise-Junkie in mir entdeckt. Wir haben gemeinsam wundervolle Plätzchen kennen gelernt, sind auf Berge gekraxelt und durch Urwälder marschiert, haben in ziemlich vielen Weltmeeren gebadet und die Storys von so vielen Menschen hautnah miterlebt.
Das mit dem Alleinreisen musste ich dann nochmals versuchen – und schwuppdiwupp war ich für zwei Monate in Indien, habe Ayurveda und Yoga gemacht und dort eine tiefe Verbundenheit zu diesem Land und den Menschen gespürt.
Ja, mein roter Faden besteht aus vielen Einzelfädchen, die ich zusammengeknotet oder wie eine Perlenschnur mit wunderschönen roten Perlen aufgezogen habe: Schreiben, malen, Neues lernen, Online Marketing, Inspirationen, Energien, Glück und immer wieder ausmisten & loslassen, was nicht mehr zur Energie meines Traumlebens passt.
Dabei habe ich immer mehr gelernt, auf das zu vertrauen, was ich weiß. Und hey, das ist ganz schön viel. Das «Problem» (wenn man es denn so nennen mag) viele Jahre war wohl, dass ich mich viel zu sehr auf die Worte von anderen verlassen habe. Du musst das so und so machen, dann wird es gut, und so funktioniert das richtige Leben. Du musst heiraten, ein Haus bauen, Kinder bekommen, einen sicheren Job haben, einen Baum pflanzen, nicht zu viel wollen, sondern einfach mal zufrieden sein. Ja, so macht man das wohl, wenn man aus einem kleinen badischen Ort kommt. Alles andere passt nicht ins Bild – zumindest nicht in das Bild der anderen. In meines inzwischen schon. Obwohl ich auf "du musst & so macht man das" schon immer ziemlich gereizt reagiert habe, bin ich trotzdem häufig diesen Ratschlägen gefolgt. Es war nichts davon falsch – doch es war einfach nicht meine Wahrheit, nicht mein Traum, nicht mein Leben.

Den Mut zu haben, meinem eigenen Wissen zu vertrauen & mein Leben zu leben, mir immer bewusster zu sein, was ich weiß (auch wenn die Welt etwas ganz anderes behauptet), meiner Energie zu folgen, ich zu sein mit allem, was ich bin, mich & mein wundervolles Wesen anzuerkennen, das übe ich zurzeit. Täglich. Immer wieder aufs Neue. Das ist nicht immer leicht, doch es lohnt sich sowas von. Je mehr mir das gelingt, umso leichter, glücklicher & energievoller ist mein Leben.
Get happy and live there – genau das möchte ich mit meinen Kursen und Coachings auch an meine Kunden weitergeben – mit Leichtigkeit glückliche & energievolle Räume zu kreieren, im innen und außen.
Für dich wünsche ich mir, dass du der Welt immer mehr von dem wundervollen Wesen zeigst, das du sowieso schon bist – und zur glücklichsten Version von dir selbst wirst.

Jede Menge happy moments für dich,
deine Tanja

Die Autorin

Get happy & live there – die Kombination aus glücklich sein & Wohnen fand Tanja schon immer unwiderstehlich. Als Glücksmomente-Sammlerin & Glücks-Geliebte hat sie unzählige Bücher rund ums Glück gelesen, Seminare besucht und jede Menge Glücksforschung im Selbst-Test gemacht. Der Film «What the bleep do we know» hat dazu geführt, dass die Energie-Methode CQM in ihr Leben getreten ist und plötzlich nichts mehr so war, wie zuvor. Veränderung darf ganz leicht gehen, quasi mit einem Fingerschnipsen. Kurz darauf zog dann Feng Shui in ihre Räume ein und die Ausbildung führte zu unzähligen Pling-Momenten.

Kürzlich kam dann noch Access Consciousness mit seinen unzähligen Tools hinzu und hat ihr nochmals ganz neue Räume geöffnet.

Als Life-Coach und mit Online-Kursen gibt Tanja ihr Wissen weiter und trägt dazu bei, dass noch viel mehr Menschen glücklich, energievoll und mit Leichtigkeit in ihren inneren und äußeren Räumen leben. Ihre Vision ist es, unzählige Menschen mit Happy Vibes zu inspirieren und sie einzuladen, die beste Happy You-Version zu werden, die sie sein können.

Seit über 12 Jahren lebt Tanja in der Schweiz am Zürichsee, kommt jedoch ursprünglich aus dem badischen Elzach (in der Nähe von Freiburg) – was sich auch nicht überhören lässt. Zusammen mit Mr Happy liebt sie es, die schönsten Fleckchen dieses grandiosen Planeten zu entdecken, und ist täglich dankbar dafür, dass der Lieblingsreisepartner auch der beste Lieblingsmann der Welt ist. Tanja ist vielbegabte und vielinteressierte Scannerin, was häufig dazu führt, dass der Tag einfach nicht genügend Stunden hat, um noch mehr magische Momente zu erleben.

Happy home. Happy you. Let's create it!

Webseite: www.mrs-happy.net
Facebook: www.facebook.com/mrshappy.tanjahug
Instagram: www.instagram.com/mrshappy.tanjahug
Pinterest: www.pinterest.de/mrshappy_tanjahug

Jutta Jorzik-Oels

Lebe deinen Traum

*In diesem Kapitel schreibt Jutta über folgende Fragen:
Führst du das Leben, das du dir wünschst oder erfüllst du die Vorgaben der Anderen?
Wie kommst du dahin, ein Leben nach deinen eigenen Vorstellungen zu leben? Auch darüber, welche Hindernisse dir vermutlich begegnen werden und wie du diese besiegen kannst. Du erfährst, wie sie ihren Lebenstraum umgesetzt hat und welche Erfahrungen sie damit gemacht hat.*

Lebe deinen Traum

Du hast vermutlich schon von dem Bestseller gehört: "Fünf Dinge, die Sterbende am meisten bereuen", in welchem eine Palliativpflegerin über ihre Gespräche mit Menschen kurz vor dem Tod schreibt. An erster Stelle wird dort genannt:

Nicht das eigene Leben gelebt zu haben.
(5 Dinge, die Sterbende am meisten bereuen, Bronze Ware, Goldmann Verlag, 18. Auflage, 2015)

Sein Leben nicht zu sehr nach anderen auszurichten, sondern nach den eigenen Vorstellungen und Wünschen gestalten – das ist tatsächlich schwieriger, als es klingt.
Das gilt in besonderem Maß für Hochsensible.
Nicht weil viele Hochsensible dazu neigen, die eigenen Bedürfnisse hinten anzustellen.

Nein – sondern weil die gesellschaftlichen Normen von neurotypischen Menschen für Neurotypen gemacht sind.
Der ganz normale Alltag mit seinen Anforderungen verlangt in aller Regel von hochsensiblen Menschen, sich selbst zu verleugnen.
Der fortwährende Versuch von Kindheit an, diesen Anforderungen zu genügen, ist ein Hauptgrund dafür, dass so viele Hochsensible ihre Hochsensibilität als Schwäche erleben und darunter leiden.

Was bestimmt dein Leben: deine Stärken – oder deine Schwächen?

Hochsensibilität ist eine wunderbare Gabe, ein Geschenk der Natur! Ein hochsensibler Mensch hat besondere Begabungen und Stärken. Aber wie alles in der Welt haben diese Talente auch ihre Kehrseiten. Beim Versuch sich anzupassen; sprich sich so zu verhalten wie die meisten Mitmenschen, treten diese Kehrseiten gnadenlos in den Vordergrund.
Wie zum Beispiel:

- größeres Bedürfnis nach Ruhepausen und Rückzug
- Konzentrationsprobleme und Überforderung in sehr lauter oder unruhiger Umgebung

Wenn du bisher eher auf deine scheinbaren Schwächen fokussiert warst, wirst du dich vielleicht einige Wochen daran gewöhnen müssen, dir deine Stärken bewusst zu machen. Doch diese Änderung deiner Denkweise hat schon eine Wirkung: Statt dich kleinlaut dafür zu entschuldigen, dass du dir schon zum dritten Mal heute deine kleine Auszeit nimmst, bestehst du selbstbewusst und selbstverständlich darauf – schließlich profitiert dein Umfeld ja von deinen Fähigkeiten.

Leben statt Überleben

Der nächste Schritt ist, von dieser Warte aus deinen Alltag unter die Lupe zu nehmen. Wo fordert er zu viel und schwächt dich? (Ich empfehle mein Listensystem: Lege eine Liste an, teile privat und beruflich, notiere alles, was dir einfällt, in Spalten farblich sortiert nach "ganz wichtig", "mittel" und "auch noch").

Was muss sich ändern, damit ab jetzt deine Stärken zur Geltung kommen? Arbeite die Liste durch, schreibe zu jedem Punkt deine Idealvorstellung.

Und wenn dabei rauskommt, dass du dein ganzes Leben total auf den Kopf stellen musst? Die Stadtwohnung tauschen gegen ein einsames Häuschen mitten im Wald; Arbeitszeit reduzieren auf 24 Wochenstunden, ein ganz anderer Beruf, auswandern nach Portugal oder Thailand?

Denkst du jetzt "Um Himmels Willen! Neuer Beruf, Ortswechsel, Scheidung? Das geht doch nicht...!“

Nimm einen Moment Abstand und betrachte dein Leben aus der Zukunft: Auf was für ein Leben möchtest du gerne zurückblicken?

Was wäre, wenn...?

... wenn du ein Leben führen würdest ohne „ich muss aber“?. Ein Leben, in dem du nicht den größten Teil des Tages funktionieren musst und dich ständig selbst verleugnen musst?

Wenn du stattdessen leben kannst, wie du es dir schon lange erträumt hast?

Geht nicht? Lass dich nicht beirren! Geht nicht gibt‘s nicht!

Was hält dich davon ab, deinen Lebenstraum umzusetzen?

Lass mich raten: Geld. Verbindlichkeiten. Angst.

Das sind Steine auf dem Weg. Steine kann man wegräumen. Oder man kann darüber weg steigen.

Verbindlichkeiten – wie zum Beispiel die alten, pflegebedürftigen Eltern – sind ein Felsblock, wenn du auswandern willst. Aber vielleicht hast du andere Träume, die sich damit vereinbaren lassen?
Geld: Wovon sollst du die Brötchen für dich und die Kinder kaufen, wenn du deine Arbeitszeit um die Hälfte reduzierst; oder ein neues Studium beginnst?
In der Tat solltest du den Faktor Geld nicht unterschätzen. Allerdings auch nicht überschätzen!

„Der Hauptwert des Geldes besteht in der Tatsache,
dass man in einer Welt lebt, in der es überbewertet
wird."
(Henry Louis Mencken)

Was zählt im Leben?

Dein Traumleben braucht eine materielle Basis. Aber wieviel Geld brauchst du wirklich zum Leben? Wo kannst du finanzielle Abstriche machen, auf was kannst du verzichten? Die meisten Menschen brauchen sehr viel weniger, als sie glauben.
Du bist auf Sicherheit bedacht und scheust das finanzielle Risiko, das du mit der Verwirklichung deines Traums eingehen würdest? Überlege, was schlimmstenfalls passieren könnte.
Wenn du ehrlich bist, geht es nicht um die nackte Existenz, denn die ist in unserer Zeit und unserer Welt niemals wirklich gefährdet, sondern es geht um Besitzstandswahrung. Wie sehr hängst du an deinem Besitz? Macht das Haus, das du eventuell aufgeben musst oder verlieren kannst, dich glücklich?
Ich weiß nicht, wie viele Menschen des Geldes wegen ihren Lebenstraum nicht verwirklichen. Aber ich habe im Laufe meiner Beratungstätigkeit sehr viele Menschen getroffen, die sich wegen der Besitzstandswahrung

Jahre, ja Jahrzehnte, nicht aus allerschwierigsten Lebensumständen gelöst haben. Die es eher in Kauf genommen haben, regelmäßig misshandelt zu werden, als die Villa aufzugeben.
Lass dich nicht vom Faktor Geld an der Verwirklichung deines Traumes hindern! Das meiste regelt sich mit der Zeit und findet sich. Und: Im allerschlimmsten Fall gehst du zurück in den ungeliebten Job.

Was ich will, das kann ich

Angst ist ein mächtiger Gegner auf dem Weg, seine Träume zu verwirklichen.
Träume kommen aus dem Herzen. Deine Herzenswünsche haben ganz viel mit deinen innersten Zielen zu tun, mit denen du auf diese Erde gekommen bist. Angst dagegen, kommt aus dem "Bauchhirn". Das hat im Gegensatz zu den höheren Zielen des Herzdenkens, mit dem Ego, den Trieben, dem sogenannten Reptiliengehirn, zu tun. Im Bauchhirn wirken uralte Muster, die vor Millionen Jahren notwendig waren, um uns vor Gefahr zu warnen.
Angst ist oft hinterhältig und zeigt sich nicht, sondern versteckt sich hinter sachlichen, kognitiven Argumenten, die sie als Hindernis vorschiebt – wie beispielsweise Geld und moralische Verpflichtungen.

Aber was tun gegen die Angst?

Eine der schönsten Mutmach-Geschichten ist das Märchen der Gebrüder Grimm vom Trommler:

<< Ein junger Trommler wollte einer Königstochter helfen, die in der Gewalt einer bösen Hexe war. „Helfen kannst du mir nur, wenn du auf den Glasberg steigst und mich aus der Gewalt der Hexe befreist. Aber zu dem Glasberg kommst du nicht, und wenn du auch ganz nahe daran wärst, so kommst du nicht hinauf." – "Was ich will, das kann ich", sagte der

Trommler, "ich habe Mitleid mit dir, und ich fürchte mich vor nichts. Aber ich weiß den Weg nicht, der nach dem Glasberg führt." – "Der Weg geht durch den großen Wald, in dem die Menschenfresser hausen", antwortete sie, "mehr darf ich dir nicht sagen." Darauf hörte er, wie sie fortschwirrte. Bei Anbruch des Tages machte sich der Trommler auf, hing seine Trommel um und ging ohne Furcht geradezu in den Wald hinein... >>

(Quelle: https://www.grimmstories.com/de/grimm_maerchen/der_trommler)

Lies gerne dort weiter, wie der Trommler im Wald laut trommelte, um die Menschenfresser zu wecken!

In den alten Volksmärchen ist viel Weisheit verborgen; für viele Probleme zeigen die Märchenbilder Lösungsansätze. Die Aussage dieses Märchens ist:

Was ich will, das kann ich! Und ich fürchte mich nicht vor dir, Angst.

Meine Träume

Am 5. September 1997, ging einer meiner größten Lebensträume in Erfüllung!
Da kam das Schiff mit mir, mit meinen Kindern und mit Sack und Pack, in Helsinki an. Mein Wunschtraum, in Finnland zu leben, war Wirklichkeit geworden! Wie dieses Leben genau aussehen würde, wovon ich leben würde, wusste ich nicht. Die einzige Sicherheit war eine kleine Wohnung, die auf uns wartete. Alles andere würde sich ergeben. Und so war es. Oft ganz anders, als ich mir ausgemalt hatte.

Den Wunsch, aus dem dunklen Deutschland wegzugehen, hatte ich schon als Jugendliche. Als ich Finnland in einem Urlaub kennenlernte, wurde daraus ein konkreter Traum. Bis zur Umsetzung vergingen dann 10 Jahre. Warum so eine lange Zeit?

Nun, zunächst gab es Verbindlichkeiten. Obwohl ich heute sage: Das hatte meine Angst sich gut ausgedacht und heimtückisch angebliche Verbindlichkeiten vorgeschoben. Dann aber gab es gleich zwei Mal eine überraschende Wendung, und ich verwirklichte in diesen Jahren zwei andere Lebensträume, die bis dahin eher schemenhaft in meinem Herzen gelebt hatten. Als das erledigt war, fing ich zu packen an.

Ob ich diesen Schritt je bereut habe? Nie! Zwar habe ich in den letzten 23 Jahren öfter gedacht: Oh Gott, wenn ich DAS vorher gewusst hätte, hätte ich das nicht gewagt. Und ich habe mich auch gefragt, wie mein Leben verlaufen wäre, wenn ich es nicht gewagt hätte. Besser? Schlechter? Ganz anders jedenfalls.

Eins aber steht fest: Wenn ich am Ende meines Lebens zurückschaue, kann ich aus voller Überzeugung sagen: Ich habe meine Lebensträume verwirklicht.

Lebe deinen Traum!

So. Und was ist nun mit dir?

Pack deinen Rucksack, und dann:

Lass das Seil los, das dich an das Alte bindet, was nicht deins ist. Spring!

Spring los und lande in deinem Traum-Leben!

Die Autorin

Jutta Jorzik-Oels, geb. 1955 im Ruhrgebiet. Der Wunsch, das Wesen des Menschen zu verstehen, aber auch zu helfen, sowie die Liebe zur Natur,

führten zu Studiengängen in Sozialpädagogik, Heilpädagogik und Ausbildungen in Naturheilkunde. Seit 1992 ist sie tätig in Naturheilkunde in der eigenen Praxis. Es folgten diverse weitere Fortbildungen und Ausbildungen in verschiedenen Therapieformen, Psychologie und Erwachsenenbildung. 1997 Umzug nach Finnland. Ab 2013 gab es einige Wendepunkte – vor allem durch die Erkenntnis der eigenen Hochsensibilität. Ab 2014 Spezialisierung auf das Thema Hochsensibilität in Lebensberatung und Naturheilkunde.

Ein weiterer wichtiger Einschnitt erfolgte 2016: Die Gründung von hauptsacheherzbewegt.de mit den Schwerpunkten: Online-Beratung für Hochsensible in Krisen sowie Online-Naturheilkunde- und Bachblütenberatung für hochsensible Menschen.

Webseite: www.hauptsacheherzbewegt.de

Sultan Kara

Mein Weg in die Selbständigkeit – Spring und der Boden wird da sein.

Es geht um die Geschichte eines kleinen ausländischen Mädchens, das seinen Weg und seine Identität in Deutschland sucht. Als erwachsene Frau macht sie mit viel Fleiß und Ehrgeiz eine Karriere. Sie heiratet, bringt Kinder auf die Welt und empfindet das Leben als einen einzigen Kampf. Lebenssituationen und Schicksalsschläge zwingen sie nach innen zu schauen und zu reifen. Heute ist sie ganz in ihrer Kraft und begleitet andere Frauen auf ihrem Weg zu einem selbstständigen und glücklichen Leben.

Mein Weg in die Selbständigkeit – Spring und der Boden wird da sein.

Was ich als Kind eigentlich werden wollte?
Die Antwort auf die Frage, was ich eigentlich als Kind werden wollte, ist ganz einfach "Normal".
Eine akademische Laufbahn, eine Familie und die gesellschaftliche Anerkennung, bedeutete für mich normal zu sein. Da ich ein Scheidungskind war, fühlte ich mich damals nicht unbedingt normal, sondern war eher beschämt. Deshalb wollte ich immer ein sehr unauffälliges, also normales, vorbildliches Leben führen.

Das Arbeiterkind in Deutschland

Als ich mit 11 Jahren nach Deutschland kam, gab es von da an zwei Stimmen in meinem Kopf. Die erste Stimme war die von meinem Grundschullehrer. Er sagte zu meinen Eltern: "Ich bin mir sicher, die Sultan wird es überall schaffen, sie ist clever und stark."

Die andere Stimme war von meinem Onkel, der einzige Akademiker in der Familie. Er sprach zu meinem Vater und sagte: "Du machst einen Fehler. Lass deine Tochter in der Türkei leben, sie wird studieren und ein schönes Leben haben. Was soll sie in Deutschland machen? Sie geht als Arbeiterkind dorthin und wird eine Arbeiterin!"
Das war damals der Status in meinem Pass: "Arbeiterkind"

Heute bin ich deutsche Staatsangehörige – die Nationalität „Weltbürgerin“ existiert leider noch nicht – mit einem Hochschulabschluss. Aber das Türkische Arbeiterkind in mir hat tatsächlich viel durchmachen müssen. Mein Papa hatte mich damals in der Hauptschule eingeschrieben, weil er es wahrscheinlich nicht besser wusste. Der Weg zwischen dem Hauptschulabschluss und einem Hochschulabschluss war ganz schön holprig, nicht nur auf der schulischen oder beruflichen Ebene, sondern auch privat.
Am Ende meines Studiums hatte ich ein Diplom, einen eigenen Hausstand und sechs Jahre Berufserfahrung. Da mir meine Unabhängigkeit sehr wichtig war, hatte ich zuerst eine Ausbildung absolviert und neben meinem Studium gearbeitet. Ich ging entschlossen meinen Weg mit bekannten Glaubenssätzen wie „ohne Fleiß, kein Preis“ in meinem Rucksack.

Gegen Ende meines Studiums hatte ich ein wertvolles Geschenk bekommen: meine älteste Tochter. Ihre Geburt erdete mich und ich hatte einen anderen Blick auf das Leben. Bis dahin fühlte sich das Leben wie ein Kampf an und ich war eine tapfere Kämpferin. Jetzt spürte ich endlich die Lebensfreude, ihre Erziehung (heute würde ich es Begleitung nennen) war für mich die wichtigste Lebensaufgabe, die das Leben lebenswert machte.

Der Spagat zwischen Familie und Beruf

Die Geburt meiner zweiten Tochter brachte viele Antworten mit sich. Vielleicht deshalb, weil ich angefangen hatte zu (hinter)fragen. Nach dem die Familienplanung abgeschlossen war, konnte ich doch tatsächlich auch auf der Karriereleiter eine Managementposition erreichen. Nun war doch alles gut und normal, oder?

Nein, war es nicht wirklich. Nichts von dem, was ich erreicht hatte und was mir das Leben geschenkt hatte, konnte ich wirklich genießen. Ich arbeitete zu viel und reiste auch oft beruflich, so dass ich gegenüber meinen Kindern permanent ein schlechtes Gewissen hatte. So kam der Zeitpunkt für wichtige Entscheidungen. Ich hatte mich schon längst von der Idee der Normalität verabschiedet. Andere sollten ruhig normal sein, ich wollte nur noch glücklich sein.

Der Blick nach innen und die Folgen daraus

Glück(seligkeit)? Ich dachte bis zu einem bestimmten Alter, ich hätte kein Glück im Leben gehabt. Schließlich habe ich schon immer kämpfen müssen, kam nicht von einem reichen Elternhaus, hatte nie etwas gewonnen und hatte mir alles hart erarbeitet. Dann stellte ich aber fest, dass es ein riesen Glück ist, überhaupt zu leben. Glück ist eine Haltung und nichts, was von außen kommt. Glück ist im Leben zu stehen, den Wind zu spüren, die Berge und das Meer gesehen zu haben, lachen und weinen zu können, lieben und geliebt werden.

Liebe? Mein bisheriges Verständnis von der Liebe wurde kurz nach dem ich meinen 31. Geburtstag gefeiert hatte, durch ein Buch fast aufgelöst. „The Forty Rules of Love“ von Elif Shafak. Dadurch kam ich zum ersten Mal mit den Weisheiten von dem weltberühmten Dichter und Gelehrten Rumi in Berührung. Es war so faszinierend: Ich hatte das Gefühl, jemand hätte sich hingesetzt und was ich bisher für Philosophien über das Leben entwickelt hatte, aufgeschrieben. Ich war wie in Trance, las das Buch ganz langsam, um die Inhalte richtig zu genießen. Als ich nach Monaten mit dem Lesen fertig war, war ich wie ausgewechselt.

Dann schaute ich mir aber meine bisherige Definition von der Liebe mal genauer an, wie mein Verständnis und Empfinden im Laufe meines Lebens geprägt und geformt wurde. Von der Gesellschaft, meiner Erziehung, von Filmen und Liedern. Da hatte die Liebe viel mit Opferbringen, Festhalten und „wenn..., dann... Verknüpfungen“ zu tun.

Die bedingungslose Liebe, die bereichert, akzeptiert, belebt, frei und „Sein“ lässt, davon war nirgends die Rede. Ich wollte mich dahin entwickeln, dass ich in Liebe lebe, beruflich und privat. Eine Wiedergeburt, eine Transformation, nenne es so wie du möchtest. Das wünschte ich mir vom ganzen Herzen.

Nach kurzer Zeit kam das nächste Buch. „Von Herz zu Herz“ von Rhea Powers in mein Leben. Ein Programm zur Klärung von inneren Beziehungen und Glaubenssätzen. Das Programm vereinte Spiritualität mit der Psychologie. Etwas Futter für meinen Verstand brauch ich, damit er mitgeht. Ich besuchte auch Retreats und Frauenseminare von der Autorin.

Es gab eine riesige innere Aufräumaktion. Meine Glaubenssätze, meine Weltanschauung und meine Identität lösten sich eins nach dem anderen auf. Danach blieb nur noch ein Mensch übrig, in einem weiblichen Körper, mit einem unerschütterlichen Glauben an die Liebe. Die universelle Liebe, die dir Kraft gibt, sinnerfüllte Entscheidungen zu treffen und zu vertrauen.

„Du stirbst, fang an zu leben!“

(Veit Lindau, Seelengevögelt – Manifest für das Leben, Goldmann Verlag, 2011)

Ich hatte eine sehr lange Zeit viele Entscheidungen vor mir hergeschoben. Mit diesem neugewonnenen Selbstvertrauen, war ich nun mutig genug zu handeln.
Ein Zuhause war mir sehr wichtig, was für mich ein Rückzugsort und eine Kraftquelle bedeutete. Schweren Herzens entschied ich mich, meinen Weg von dem meines damaligen Ehemannes, zu trennen. So könnten wir die Elternschaft richtig leben. Unsere Kinder auf ihren Weg zum erwachsen werden begleiten, statt uns ständig über unsere unüberwindbaren Differenzen zu streiten.
Nach der Trennung entschied ich mich für eine Renovierung meiner Eigentumswohnung, die ich nun allein übernahm. Die Kinder sollten ein eigenes Zimmer bekommen, meine ältere Tochter war schon in der Pubertät. Das hässliche Bad, dass ich von Anfang an nicht mochte, sollte neu gemacht werden und noch einiges mehr.
Es ist nicht übertrieben, wenn ich sage, mein ganzes Leben war plötzlich eine einzige Baustelle.
Bei der Arbeit fühlte ich mich nicht mehr wohl. Ich wusste, dass meine Zeit dort zu Ende war aber traute mich nicht zu gehen, vor allem nicht gerade jetzt, wo alles andere auch in Umbruch war. Mit zwei Kindern einen unbefristeten Arbeitsvertrag bei einem angesehenen Arbeitgeber aufzugeben, war doch eine Nummer zu groß.

Bei der Arbeit, auch in schwierigen Situationen, die Ruhe zu bewahren und konstruktive Lösungen zu bringen, waren Fähigkeiten, die meine Projekte und mich immer weiterbrachten. Die Ruhe verließ mich aber jetzt immer öfter.
Die Veränderungen und Verluste überhäuften sich und ich kam emotional nicht mehr wirklich hinterher. Einige Wochen vor dem Scheidungstermin starb mein Vater. Kurze Zeit danach bekam ich die Todesnachricht von meinem Opa (Vater meines Vaters). Bevor ich alles realisieren konnte, starb meine Oma mütterlicher Seite.

Diese Lebenskrise, in die ich fiel, war die größte meines Lebens. Sie brachte mir aber auch eine wichtige Erkenntnis: „Für mich gibt es nicht mehr die Zeitangabe „irgendwann". Mit 38 war ich zu alt dafür. Aus dem „ich möchte glücklich leben" wurde „wenn meine Zeit gekommen ist, möchte ich mich glücklich von diesem Leben verabschieden".

Spring und der Boden wird da sein!

Ich entschied mich dafür, dass alles was ich jemals sein, haben und machen wollte, hier und jetzt sein durfte. Es war nicht mehr wirklich wichtig, irgendwelche Ziele zu erreichen, sondern den Lebensweg mit Würde und Freude zu gehen. Eine tiefe Akzeptanz für das, was ist, macht das Leben viel einfacher.
Diese Entscheidung erleichterte mir die Folgenden. Ich bat meinen Arbeitgeber um eine einvernehmliche Beendigung des Arbeitsverhältnisses. Ich meldete mich für eine Weiterbildung als Coach und Beraterin an. Nach dem Motto „spring und der Boden wird da sein" setzte ich einen Schritt nach dem anderen. Das Wort „spring" habe ich neuerdings durch das Wort „vertraue" ersetzt. Auch ich werde älter (ich lächle).

Mein schönes Leben

Nun bin ich seit drei Jahren selbstständige „Coach & Beraterin für mehr Lebensqualität". Alles was ich bisher gelernt habe und noch weiterhin lerne, möchte ich vor allem mutigen Frauen weitergeben. Dazu habe ich ein Seminar konzipiert „Next Level für Frauen!" Next Level steht dabei für die nächste Bewusstseinsebene.

Neulich hatte ich eine Klientin, die ich in der Beratung habe und nach Bedarf auch coache. Sie ist auf dem Weg zur Selbstständigkeit. Sie sagte: „Sultan, eigentlich wollte ich irgendwie nur meinen Lebensunterhalt sichern. Jetzt habe ich eine Vision von einem richtigen Unternehmen." Grinsend ergänzte sie „Du bist schuld!" Damit wollte sie mich etwas aufziehen, denn das erste Wort, was in Coaching und Beratung mit Nachdruck aus dem Wortschatz meiner Klienten verschwindet, ist, „Schuld". Verantwortung übernehmen: ja, Schuldzuweisung: Nein, danke! Die Schuld kann nur eine Sackgasse sein.

Nach meiner Überzeugung handeln wir Menschen entweder aus der Angst oder aus der Liebe heraus. Ich bin mir sicher, dass wir die Welt liebevoll verändern können, wenn wir unsere Angst annehmen. Unsere Angst ist lediglich ein Warnmechanismus. Sie will uns gar nicht vom Leben abhalten. Sie dient uns. Nicht zu handeln, weil wir Angst verspüren, ist allein unsere Entscheidung.

Es lohnt sich mutig zu sein. Das spüre ich jedes Mal, wenn mir meine Töchter beim Mittagessen ganz aufgeregt etwas aus ihrem Leben erzählen. Das zeigt mir zwei Dinge. Erstens: Vor einigen Jahren war das gemeinsame Mittagessen unter der Woche unmöglich (Vollzeitjob). Zweitens: Ich darf an ihrem Leben teilhaben (das ist in der Pubertät gar nicht selbstverständlich). Das ist Glück für mich.

Ach ja, das Leben hat mir noch in Sachen romantische Liebe einen mutigen Partner an die Seite gegeben, der mich begleitet. Die gemeinsame Zeit und präsent sein zu können ist einfach unbezahlbar. Meine neuen Leitsätze sind: „Ich entscheide mich für die Liebe" und wenn es mal nicht so gut läuft: „Neuer Tag, neues Glück."

Ich hoffe dich auf deinem Weg mit meiner Geschichte inspiriert zu haben, Entscheidungen zu treffen, die deinen Werten und deiner Wahrheit entsprechen.

Deine Sultan

Die Autorin

Sultan Kara ist Coach & Beraterin für mehr Lebensqualität. Sie ist im Jahre 1978 in der Türkei geboren und kam mit 11 Jahren nach Deutschland. Auch wenn Sie als Scheidungskind immer ein normales und unauffälliges Leben führen wollte, entwickelte sich ihre Geschichte doch etwas ungewöhnlich.

Sie war schon als Kind sehr analytisch, logisch und liebte die Zahlen. Aber auf der anderen Seite auch sehr spirituell und philosophisch. Da sie nie wirklich die Gelegenheit hatte, darüber nachzudenken, was einmal aus ihr werden sollte oder wer sie eigentlich wirklich ist, stellte sie ihre beruflichen Weichen in Richtung kaufmännische Ausbildung/Wirtschaft und studierte Betriebswirtschaftslehre.

Sie hat zwei wunderbare Töchter. Ihr Mutterdasein empfindet sie als ein großes Geschenk. Durch einige Schicksalsschläge wurde sie wachgerüttelt und hatte tief in ihrem inneren verstanden, wie wertvoll die Lebenszeit ist und dass ihre

Kinder dabei waren, rasend schnell erwachsen zu werden. So hat sie sich entschlossen, ein ganz neues Lebenskonzept für sich aufzubauen.

Sie gab ihren sicheren und gut bezahlten Job bei einem angesehenen Arbeitgeber auf und machte sich als Coach & Beraterin für mehr Lebensqualität selbstständig. Heute ermutigt, motiviert, berät und begleitet sie überwiegend Frauen auf dem Weg zu einem selbstständigen und glücklichen Leben. Sie weiß und erzählt bei jeder Gelegenheit, dass die wahre Kraft aus dem Inneren kommt.

Webseite: www.sultans-coaching.de
Facebook: https://www.facebook.com/Sultan.Kara.Unternehmensberatung.Coaching

Maria Klitz

Wer bin ich? Wenn Frauen sich in ihrer Mutterrolle verlieren

Du bist gerade Mama geworden und dein ganzer Tag dreht sich nur noch um dein Baby und seine Bedürfnisse? Checklisten, was dein Baby benötigt gibt es wie Sand am Meer – doch in keiner steht, was du brauchst. Wer bist du? Wenn Frauen sich in ihrer Mutterrolle verlieren

Wer bin ich? Wenn Frauen sich in ihrer Mutterrolle verlieren

Du bist gerade Mama geworden und dein ganzer Tag dreht sich nur noch um dein Baby und dessen Bedürfnisse? Hat dir das jemand während deiner Schwangerschaft gesagt, dass dein kompletter Tagesablauf sich nur nach deinem Baby richten wird? Dass du kaum noch Zeit für dich haben wirst? Und dein Tagesablauf sich von Tag zu Tag verändern kann?
„Was will ich wirklich im Leben? – Mein schönes Leben“. Genau darum geht: es geht um dich! Wer bist du? Wenn Frauen sich in ihrer Mutterrolle verlieren. Denn dieses kann sehr schnell geschehen.

Während der Schwangerschaft

Gespannt, voller Vorfreude, erlebst du deine Schwangerschaft. Auch Ängste und Sorgen gehören dazu. Denn eine Schwangerschaft kann eine Achterbahnfahrt der Gefühle sein: dein kompletter Hormonhaushalt wird durcheinandergebracht. Dieses bekommst nicht nur du, sondern auch dein Partner zu spüren. Und dieses darf so sein! Du darfst heute voller Freude, glücklich sein und im nächsten Moment dürfen dir die Tränen kommen! Du musst dich nicht verstellen! Sei wie du bist! Sei wie du dich fühlst!

Checklisten gibt es wie Sand am Meer

Ja – im Internet, in diversen Foren, in Schwangerschaftsbüchern, Ratgebern wirst du überschüttet von Checklisten. Was braucht ein Baby? Was gehört in die Kliniktasche? Was muss in das Kinderzimmer? Doch ist dir schon einmal aufgefallen, dass es nur um das Baby geht?
In keiner dieser Checklisten steht, was du brauchst! In keiner Checkliste wird thematisiert, dass dein Baby deinen Tagesablauf strukturiert; wobei strukturiert das falsche Wort ist. Denn dein Baby bringt alles andere mit, nur keine Struktur! In welcher Checkliste steht, dass es ganz normal ist, dass dein Baby nur auf deinem Arm schläft? Warum es sich nicht ablegen lässt? Das du nicht mal eben so duschen gehen kannst?

Nach der Geburt

Nach der Geburt ist nichts mehr so wie es vorher war. Hört sich nicht nett an, ist jedoch die Wahrheit. Wer bereits den ein oder anderen Blogartikel von mir gelesen hat weiß, dass ich ehrlich und direkt bin und nicht um den heißen Brei rede, beziehungsweise schreibe. Ich schreibe sowohl aus meinem Alltag als Mama eines 5-jährigen Sohnes, als auch als Erzieherin in einem Kindergarten, in dem ich täglich Kinder im Alter von zweieinhalb Jahren bis zur Einschulung, und deren Eltern begleite.

Nun bist du zu Hause und alles ist anders. Ein neues Familienmitglied gehört nun zu dir und deiner Familie. Alles darf sich wieder neu ordnen. Jeder darf seine Rolle neu finden. Und genau dieses bedarf an Zeit, Geduld, Nähe, Wertschätzung und Kommunikation.
Nimm dir die Zeit!

Der Alltag holt dich ein

Umso älter dein Baby wird umso strukturierter darfst du deinen Tagesablauf leben; ganz nach euren Bedürfnissen, euren Regeln. Hast du dir Zeit für dich genommen? Einen Spaziergang alleine gemacht? Oder warst du gar alleine auf der Toilette, ohne dass dein Kind an der Tür geklopft hat? Ich habe mich übrigens auch schon öfters mal im Bad für ein paar Minuten eingeschlossen, damit ich einfach mal kurz für mich sein konnte. Und das ganz ohne schlechtes Gewissen! Kannst du das auch?

Dein Partner ist gleichwertig

Oftmals habe ich bei Müttern das Gefühl, dass sie einzig und allein für ihr Kind verantwortlich sind. NEIN! Dein Partner gehört genauso dazu! Er ist kein billiger Babysitter! Natürlich kann er das Stillen nicht übernehmen, jedoch alles andere!

Du brauchst kein schlechtes Gewissen zu haben oder mal eben schnell unter die Dusche springen, wenn dein Partner sich um euer Baby kümmert. Er gehört genauso dazu und genau solche Momente stärken die Vater-Kind-Beziehung!

Mama, Haushalt, Partnerin und?

Na, welche Rolle hast du noch? Dir fällt keine weitere ein? Wie wäre es mit dir selbst!?!
Ja, das ist auch eine Rolle! Allerdings ist dieses genau die Rolle, die Frauen verlieren, wenn sie Mütter werden.
Alles dreht sich nur noch ums Baby. Und da ist ja auch noch der Haushalt! Den machst du natürlich, wenn dein Baby schläft. Damit auch ja immer alles perfekt aufgeräumt und geputzt aussieht. Wofür? Für den Besuch? Wenn es den Besuch stört, gibt es drei Alternativen:

1. Dein Besuch ignoriert es
2. Dein Besuch räumt das Geschirr selbst weg, saugt Staub
3. Geht wieder

Du lebst doch mit deiner Familie in keinem Museum! Ihr wohnt dort! Und da muss es nicht desinfiziert sein!

Wer bist du?

Genauso wie du Zeit mit deiner Familie verbringst, hast du genauso das Recht Zeit mit dir selbst zu verbringen: zu lesen, shoppen zu gehen, sich mit Freunden abends zu treffen.
Nimm dir diese Zeit!
Denn nur wenn es dir gut geht, geht es auch deinem Kind gut!
Und wenn du entspannt wieder nach Hause kommst, erlebst du stressige Situationen ganz anders, deine eigenen Batterien sind wieder aufgeladen und du als Person hast wieder am Leben teilgenommen!

Die Autorin

Als Maria Klitz sich selbst in der Trotzphase befand, wurde sie als dickköpfig, stur und mit dem Kopf durch die Wand gehend beschrieben: sie wusste schon immer was sie nicht wollte und ist bis heute charakterstark!
Schnell wurde ihr klar, dass sie mit Kindern und Familien arbeiten möchte. und so begann sie nach einem kleinen Umweg in ihrem Leben im Jahre 2006 die Ausbildung zur Sozialassistentin, worauf zwei Jahre später die Ausbildung zur staatlich anerkannten Erzieherin folgte, die sie im Jahre 2010 erfolgreich beendete und seitdem als Erzieherin in verschiedenen Bereichen mit unterschiedlichen Klientel gearbeitet hat. Aktuell arbeitet sie als Erzieherin in einem Kindergarten.

Maria Klitz begleitet zusätzlich Eltern und ihre Kinder durch die Trotzphase (Autonomiephase). Während dieser Phase kann es zu Wutanfällen kommen, in denen es nicht immer leicht ist, ruhig zu bleiben und zu verstehen, was das Kind gerade braucht, dieses zu begleiten und sich nicht von seiner eigenen Wut beeinflussen zu lassen.

Maria fragt: "Was hat das mit dir selbst zu tun?" Denn in solchen Momenten erleben Eltern/Bezugspersonen die Situation nicht nur mit ihrem eigenen Kind, sondern vor allem auch so, wie sie die Situation als Kind selbst erlebt haben: die Gefühle, die du damals gespürt hast, die Reaktionen der Bezugspersonen kommen in Eltern wieder hoch.
Und um dieses nicht dein Kind spüren zu lassen, begleitet Maria Klitz „Mit Mut zur Wut durch die Trotzphase“.

Webseite: www.die-trotzphase.de
Facebook: Trotzphase braucht Mut zur Wut – Elternbegleitung mit Maria Klitz

Melanie Kubala

Wie kam ich zu „alles außer gewöhnlich"?

In diesem Kapitel geht es um die Höhen und Tiefen im Leben, was Melanie am tiefsten Punkt als Chance genutzt hat und dass sie jetzt damit sehr glücklich ist.

Wie kam ich zu „alles außer gewöhnlich"?

Sandra Liane Braun, Kollegin, Freundin und Regenbogenbegegnung, hat mich ermutigt, darüber zu schreiben, „Was will ich wirklich im Leben? – Mein schönes Leben". Denn auch bei mir war der Weg nicht klar oder geplant, sondern hat sich entwickelt und mich geführt wie ein roter Faden. Geführt zu meinem heutigen authentischen und glücklichen Leben. Mein Motto „Alles außer gewöhnlich" zieht sich somit durch die letzten 37 Jahre und wurde in einem wunderbaren Selbsterfahrungsseminar sichtbar. In einer Coaching-Session mit meiner Mentorin und Wegbereiterin Ulrike Mas von WTM Management Consulting kam dieser Satz dabei heraus.

„Alles außer gewöhnlich"

Besser kann ich mein Leben nicht beschreiben. Für mich gab es nie den einfachen Weg, geschweige denn freie Bahn oder unkomplizierte Wege. Ich habe immer gekämpft für mich und meine Wünsche, Ziele und Vorstellungen. Oftmals haben mir Menschen gesagt: „Das ist nichts für dich, Melanie", „Du kannst das nicht" oder „Fang erstmal klein an". Doch ich habe mich nicht entmutigen lassen. Als ich meine ersten Berührungspunkte in der Welt der Personalarbeit (Human Resources) hatte, traute mir keiner zu, dass ich einfach so meine Zelte in meiner Heimatstadt abbreche und in die nächste Großstadt ziehe, um mich weiterzuentwickeln. Ohne jemanden zu kennen oder zu wissen, ob das was wird. Und? Es ist was geworden, ich habe tolle Menschen kennengelernt, feste Bande geknüpft und mich beruflich gefestigt. Klar war dieser Weg auch nicht einfach. Ich hatte Vorgesetzte, die meine Gutmütigkeit schamlos ausgenutzt haben und mir vor versammelter Mannschaft gesagt haben, ich wäre unmöglich! „Wie haben es nur deine Chefs mit dir ausgehalten?" – war ein Satz, der heute noch in meinen Ohren klingt. Und warum? Weil ich damals schon für mich eingestanden habe. Ich konnte auch mal „STOPP!" sagen und hatte keine Angst davor, Kritik zu äußern. Ich weiß, dass ich manches Mal sicher verletzend und etwas zu klar kommuniziert habe, aber ich würde es genauso wieder tun. Denn was ich gelernt habe, ist, dass die Unsicherheit der anderen nicht mein Problem ist.

Meine Vorbilder

Ich hatte in dieser Zeit auch wirkliche, tolle Vorbilder, Menschen, zu denen ich aufschauen konnte und durch die ich eine Menge gelernt habe. Diese Menschen haben mich immer bestärkt weiter zu machen. Ich war nie an einer Uni, habe kein tolles Studium oder wurde von meinen Eltern gefördert, aber das hat mich nie davon abgehalten, trotzdem oder gerade deshalb weiter meinen eigenen Weg zu gehen. Wenn ich mich recht erinnere, habe ich gute 10 Jahre neben einem Vollzeitjob immer an meiner Weiterentwicklung gearbeitet. Ich war auf Abendschulen oder auf Wochenendkursen und hab mein hart verdientes Geld immer mit voller Leidenschaft in mich investiert. Ich habe hunderte Stunden gelernt und bin auch heute immer noch begeistert, wenn etwas Neues dazukommt. Die Menschen, die mich besonders geprägt haben auf diesem Weg, waren meist Frauen. Da war meine Oma, die Frau, die sechs Kinder großgezogen, immer gearbeitet und nie gejammert hatte. Es war ihr nie etwas zu viel! Jedes Wochenende verbrachte ich bei ihr und in den Ferien mehrere Tage. Sie hat bis in die Nacht gearbeitet und hatte immer Zeit, mir noch etwas beizubringen. Dann gab es diese erstklassige Chefin, vor der jeder Respekt hatte, die mit mir meine erste Wohnung einrichtete und die mir das Schreiben zeigte. Sie sagte immer: „Melanie, schreib so, wie du es mir sagen würdest." Beide Frauen sind leider bereits verstorben, aber haben feste Plätze in meinem Herzen.

Mein Tiefpunkt

Als ich dann 2018 meinen zweiten Sohn zur Welt gebracht hatte, begann eine wirklich harte Zeit, die bis Anfang 2020 anhielt. Eine Depression überrollte mich unerwartet und ohne Zurückhaltung. In dieser Zeit verlor ich 20 kg, jede Lebensfreude und auch die Leichtigkeit, die mich immer begleitet hatte. Wie stark ich in dieser Zeit war, weiß ich erst jetzt, wo ich darauf zurückblicke. Ich wollte und konnte nicht akzeptieren, dass es keine Freude mehr in meinem Leben gibt und dass sich nichts mehr leicht anfühlt. Was ich mit dieser Schwere erreicht habe, sehe ich heute. Im tiefsten Loch dieser Phase habe ich mich selbständig gemacht, ich habe entschieden, auf meinen eigenen Beinen zu stehen. Losgelöst zu sein und einfach mal zu machen. Wie ich das geschafft habe? Ehrlich gesagt: keine Ahnung! Woher ich diese Kraft hatte, weiß ich nicht, aber ich weiß, dass ich tief in meinem Inneren wusste, dass ich noch „die Alte" bin, nicht jetzt gerade, aber ich wusste, ich bin noch da. Die Melanie, die alles schafft, was sie will, und die sich von niemandem aufhalten lässt. Diesen Mut, Dinge einfach zu tun, ohne zu wissen, ob es sich lohnt, ob es sich rechnet oder ob wirklich etwas dabei herauskommt, versuche ich heute jeden Tag an meine Kinder und an meine Coachees weiterzugeben. Was soll denn schon passieren? Ich würde die Chance verpassen, Erfahrungen zu machen, wirklich tolle Erlebnisse zu haben und mich weiter zu entwickeln.

Ich habe dies alles überlebt und habe 1000 x mehr Power und Kraft. Die Entscheidung lag jedes Mal bei mir und ich kann nur jeden ermutigen, einfach immer weiter zu machen! Auf den Bauch zu hören, wieder aufzustehen und sich auf alles zu freuen, was noch vor einem liegt!

Herzliche Grüße
-Alles außer gewöhnlich-
Deine Melanie

Die Autorin

Als zweifache Mutter und Ehefrau komme ich jeden Tag an meine Grenzen und wachse stetig mit den Herausforderungen meines Alltags. In Verbindung mit meiner Selbstständigkeit ist es darum umso wichtiger, dass ich auf mich achtgebe und aus meinen Erfahrungen immer wieder in Reflexion mit mir selbst gehe. Was ich wirklich will im Leben, weiß ich, der Weg dahin ist ein ständiges Auf und Ab und bleibt vor allem spannend. Um sagen zu können, „Mein Leben ist schön", liegt es einzig und alleine an meiner Haltung zu mir und am Umgang mit meinen Mitmenschen. Konfetti ins Leben werfen und sich daran erfreuen benötigt einen Locher zum Erstellen und zwei Hände voller Freude. Viel Freude beim Lesen und schmeichelnde Gedanken.

Webseite: www.melaniekubala.de
Facebook: www.facebook.com/melaniekubala

Silke Maschinger

Wenn der Sprung in den Abgrund die Erfüllung deiner Sehnsucht ist

Auch wenn du sie zwischenzeitlich vergisst, deine wirklich wichtigen Träume kommen immer wieder. Sie erinnern dich daran, was deine Seele vermisst. Mag sein, dass der ganz große Traum nicht mehr möglich ist. Aber was zählt, ist jeder kleine Schritt in die richtige Richtung. Egal, wie alt du bist.

Wenn der Sprung in den Abgrund die Erfüllung deiner Sehnsucht ist

Der alte Traum vom Fliegen.
Als ich Anfang 20 war, träumte ich häufig im Schlaf, fliegen zu können. Ein paar Schritte Anlauf, die Arme ausbreiten und abheben. Leicht, frei und losgelöst von allem, das war wunderschön. Doch immer wenn ich aufwachte, wurde mir klar, dass ich doch nicht fliegen kann.
Nach einiger Zeit träumte ich davon, mit einem Drachen(schirm) zu fliegen. Als ich nach dieser Nacht aufwachte, dachte ich: Wow, ich kann es ja doch möglich machen!
Ich lernte sogar eine Frau kennen, die gerade einen Flugschein machte, aber als Studentin hatte ich weder das Geld noch das passende Auto dazu, und so ließ ich den Traum los.
Im Laufe der Jahre vergaß ich meinen Traum. Ich dachte vielleicht ab und an daran, aber es hatte keine große Bedeutung mehr für mich.

Meine alte Sehnsucht kehrte zurück

Als ich Mitte 40 war, bekam ich die Diagnose Brustkrebs. Ich hatte ungefähr ein Jahr der Therapie zu überstehen und in dieser Zeit überlegte ich mir auch, ob ich noch unerfüllte Träume hätte. Und womit ich mich selbst für das Durchstehen der ganzen Zeit belohnen könnte.
Das einzige, was mir einfiel, war mein alter Traum vom Fliegen.
Als ich wieder genügend Kraft hatte, haben mein Mann und ich erstmal eine Heißluftballonfahrt gebucht. Das war zwar auch schön, so dahinzuschweben, aber wir standen in einem großen Korb. Hinter uns der heiße, fauchende Flammenwerfer, der dafür sorgte, dass wir oben blieben. So stellte ich mir fliegen nicht vor. Ich wollte doch fliegen wie ein Vogel, frei und leicht!

Wenn der Zufall hilft

Ein Jahr später waren wir im Urlaub im bayrischen Wald. Als ich dort im Internet schaute, was es dort in der Region Sehenswertes gibt, entdeckte ich zufällig, dass dort in der Nähe Drachen-Tandemflüge angeboten wurden.
Ich musste erst ein bisschen hin und her telefonieren, bis ich jemanden gefunden habe, der das wirklich anbot. Doch ein paar Tage später war das Wetter zum Glück stabil und wir konnten uns auf den Weg machen. Also bin ich morgens mit Mann und Hund von unserem Campingplatz aufgebrochen und eine Stunde zu Hans, dem Fluglehrer, gefahren. Dort fuhren wir dann gemeinsam mit ihm nochmal eine Stunde weiter zum Rauschberg. Dort ging es dann nochmal von 1.000 auf 1.800 Meter mit der Gondel hinauf.

Der Sprung in den Abgrund

Hans baute den Drachen auf und ich hatte nichts zu tun. Mein Mann fand das mutig, dass ich das machen wollte. Für mich war das nicht mutig, ich hatte ja keine Angst. Ich wollte damit auch niemanden beeindrucken. Ich saß dort auf dem Gipfel und war weder nervös noch voller Vorfreude. Es war einfach wie es war, es hatte eher etwas Selbstverständliches, dass ich jetzt endlich das tue, wovon ich geträumt hatte.
Als der Drachen fertig war, wurde ich von Hans eingewiesen, worauf ich zu achten hätte. Wir haben einen kleinen Probelauf gemacht, ich wurde in den Gurt eingeklinkt und dann, über 25 Jahre nach meinem Traum, stand ich endlich mit einem Drachen an der Abflugrampe.
Hinter uns hatten sich schon etliche Touristen angesammelt, um unseren Start anzuschauen, aber ich habe das vollkommen ausgeblendet. Hans fragte mich: Bist du bereit?
Ich spürte nochmal genau hin. Vertraue ich Hans? Will ich das wirklich? Bei beiden Fragen spürte ich eine ganz klare Antwort: Ja! Also nickte ich, Hans zählte bis drei und dann rannten wir beide mit vollem Tempo in den Abgrund. Schon nach drei bis vier Schritten verloren wir den Bodenkontakt und der Drachen hob uns in die Luft.
Wir waren ungefähr 20 Minuten in der Luft. Von der Spitze dieses Berges hinunter zur Wiese. Ich hatte keine Angst vor der Tiefe, sondern fühlte mich endlich ziemlich nahe dran an dem Gefühl, wie ein Vogel fliegen zu können. Ich kann das nicht beschreiben, wie es mir während des Flugs erging. Aber als wir gelandet waren, kamen mir vor Glück die Tränen. Noch heute kommen mir die Tränen, wenn ich anderen von diesem Erlebnis erzähle. Es gibt nur ganz wenige Erlebnisse in meinem Leben, die mich so tief berühren.

Ein Jahr später der nächste Schritt

Im Jahr danach habe ich in meiner Heimatregion noch einen Drachenflug-Schnuppertag gebucht, bei dem ich während eines Tandemfluges sogar für ein-zwei Minuten selbst den Drachen lenken durfte. Es war ein unheimlich anstrengender Tag, aber dieser kurze Moment zum Abschluss war es wert. So also fühlt sich fliegen an!
Wieder war ich zutiefst berührt und glücklich!
Aber ich war auch ernüchtert, wie schwer so ein Drachen ist. Zusammengepackt in einem circa sechs Meter langen Schlauch wiegt so ein Drachen ungefähr 30 bis 40 Kilo. Wie soll ich das transportieren geschweige denn auf unser Auto hieven? Auch aufgebaut muss ich das Gewicht auf meinen Schultern tragen können, um mich bewegen zu können. Von meinen ersten ungeschickten Versuchen hatte ich noch tagelang Blutergüsse an meinen Schultern.
Und wieder verblasste mein Traum nach und nach.

Der Impuls von außen

10 Monate nach dem Schnuppertag erhielt ich eine Mail von Frank. Er war bei meinem Schnupperflugtag dabei gewesen und wir hatten uns ganz gut unterhalten. Danach hatten wir nur noch kurz Fotos per Mail ausgetauscht, sonst aber keinen weiteren Kontakt gehalten. Doch nun auf einmal schrieb er mir!
Er berichtete mir, dass er gerade bei der Drachenflug-Grundausbildung und ganz begeistert davon sei. Seine Mail endete mit den Worten: Trau dich!
Mir kam das vor wie eine Botschaft des Himmels, der Engel oder von wem auch immer. Dieses Zeichen hat mich auf jeden Fall sehr tief berührt.

Ich habe keine Ahnung, ob ich jemals wirklich ganz alleine Drachen fliegen werde. Ob ich das kräftemäßig und finanziell stemmen kann. Aber nach dieser Mail habe ich mir geschworen: Im nächsten Jahr mache ich einen ersten Schritt in diese Richtung, ich werde die Grundausbildung zur Drachenfliegerin machen.
Dann werde ich weitersehen. Vielleicht bleibt es bei der Grundausbildung. Vielleicht mache ich den nächsten Schritt. Vielleicht fliege ich dann eines Tages ganz alleine, so frei wie ein Mensch in der Luft nur sein kann. Und vielleicht reicht mir das eine Mal dann sogar. Ich werde es sehen. Aber ich werde es wenigstens versuchen.
Auf jeden Fall werde ich Frank im nächsten Jahr antworten: Ich traue mich!

Die Autorin

Silke Maschinger ist hochsensibel, introvertiert und abenteuerlustig.
Seit über 20 Jahren begleitet sie Menschen in Entfaltungs- und Transformationsprozessen. Sie unterstützt sie dabei, der eigenen inneren Stimme zu lauschen und ihr Schritt für Schritt zu folgen. Sie weiß aus eigener Erfahrung wie scheinbar ausweglos manche Situationen scheinen können, aber sie hat einen unerschütterlichen Glauben daran, dass Veränderung möglich ist.

Webseite: www.silke-maschinger.de
Facebook: www.facebook.com/silkemaschinger

Daniela Maurer

Träume leben leichtgemacht – so einfach geht's

In diesem Kapitel geht es darum, wie die Autorin trotz Coaching immer wieder von ihren eigentlichen Träumen abgewichen ist und ihr Leben „angenommen" und einfach gelebt hat. Bis ein Schicksalsschlag im Bekanntenkreis zuschlug. Da erkannte sie: JETZT IST IHRE ZEIT für ihre Träume zu gehen.

Träume leben leichtgemacht – so einfach geht's

Träume? Was sind denn eigentlich Träume? Und sollten Träume tatsächlich Träume bleiben? Was bedeutet Träume leben? Ich bin mit dem Glauben aufgewachsen, dass Träume wichtig im Leben sind. Dass man sie nur träumt und nicht tatsächlich erLEBT. Und das war gar keine böse Absicht meiner Eltern. Nein, sie wussten es einfach auch nicht besser. Aber man hat doch nur „DIESES EINE" Leben.

„Gefühlt" habe ich DAS schon länger. Aber erst mit Mitte 30, als Mama von zwei Kindern, stellte ich mir die Frage: kann es das WIRKLICH gewesen sein? Bin ich nun „nur" noch Mutter und geh den 0815-Weg wie jeder andere? Hatte ich tatsächlich schon „ausgeträumt", weil sich mein Traum einer eigenen Familie erfüllt hatte? Träume ich überhaupt noch oder lebe ich schon meine Träume? Als ich mir diese Fragen stellte, stieß ich ZUFÄLLIG auf Facebook über eine „Mama-Coach"in", die mir so richtig sympathisch war. Sie erzählte, dass Mama-Sein nicht anstrengend sein müsse und das Leben noch „soooo" viel mehr zu bieten habe. Es zog mich einfach zu ihr. Also sprang ich über meinen Schatten und nahm das Geld in die Hand!

DAS Coaching, das mein Leben veränderte

Mit ein paar Tools an der Hand durfte ich schnell erfahren, dass das Leben nicht anstrengend oder schwer sein muss. Es war das, was ICH daraus gemacht hatte. Immer mehr lernte ich mit diesen Tools ins Vertrauen und zurück zu MIR zu kommen. Das Leben mit Leichtigkeit und Freude zu genießen.
Und „plötzlich" war das Mama-Sein auch nicht mehr anstrengend. Alles schien so herrlich einfach. Es fügte sich wie ein Puzzle-Teil zu einem großen Ganzen. Mir wurde klar, dass das A und O für Leichtigkeit im Mama-Sein UND im Leben, immer da beginnt, wo ICH DIE BESTE VERSION MEINER SELBST AUSLEBE! Klingt komisch? Da gebe ich dir recht. Ich konnte anfangs damit auch nichts anfangen. Es bedeutet schlicht und einfach, dass ich mich immer AN ERSTER STELLE positionieren darf. Denn wenn es mir gut geht, dann geht es meinen Kindern und meinem Umfeld gut. Und das war der Zeitpunkt, an dem ich zu träumen und die Träume zu LEBEN begann.

Berufswunsch versus Realität

Soweit ich denken kann, hatte ich als Kind nie irgendeinen Berufswunsch. Mein einziger Traum lag darin, verheiratet zu sein und Kinder zu haben – aber ob das wirklich ein Traum war? Das war halt „normal", dass man sich das gewünscht hat! Als Kind habe ich gerne Anwalt oder Doktor gespielt, aber als Teenager waren diese „Spielchen" nicht mehr interessant. Ich glaubte die richtige Wahl getroffen zu haben als ich meine Ausbildung zur Industriekauffrau begann. Ich hatte zu diesem Zeitpunkt noch keine Ahnung, wofür ich brenne und mich hatte auch niemand gelehrt wie ich das herausfinde, um meinen TRAUMberuf zu finden.
Erst im Laufe der Jahre und während der Ausbildung merkte ich, dass ich einen „Hang" fürs Organisieren hatte. Ich wurde immer häufiger um Rat

gebeten oder dieser Aufgabe betraut, denn ich war und BIN gut darin – schon immer gewesen. Nach meiner ersten Schwangerschaft hatte ich dann den Impuls mich in dem Bereich „Eventmanagement“ mit einem Fernstudium fortzubilden. Vielleicht würde sich irgendwann mal die „Gelegenheit“ ergeben und ich könnte in den Bereich ZUFÄLLIG „hereinrutschen“... durch schicksalshafte Fügung oder so – nie hätte ich geglaubt, dass es eine Kreation meines Selbst und meines Glaubens sein könnte!

Die große Wende

Ich war nun also Mitte 30, gelernte Industriekauffrau mit einem Studienabschluss im „Eventmanagement“ und hatte in der Zwischenzeit mein zweites Kind bekommen. Familienplanung abgeschlossen. Aber was ist denn nun mit meinen Träumen... ? Gut, die hatte ich nun klar vor Augen (dank des Coachings!). Ich wollte eine Event- und Hochzeitsagentur, die auch Hochzeiten in den USA (und weitere andere Dienstleistungen) anbieten würde. Ich hätte mein eigenes Anwesen und eine Scheune, die ich ebenfalls für Hochzeiten vermieten würde... ein Traum, der mein Herz höher springen ließ. Aber es blieb ein Traum. Ich suchte mir einen weiteren Job (der mir Sicherheit geben würde), bis ich SOWEIT WÄRE, für meinen Traum zu gehen.
Und dann starb ein alter Bekannter meines Mannes bei einem Arbeitsunfall! Einfach so – von jetzt auf gleich. Tot war er! Und da fragte ich mich: Welche Gedanken hatte er wohl in dem Moment, als ihm vielleicht noch klar wurde „das wars!“? Ich wusste plötzlich, dass ich so viele ungelebte Träume habe, die ich BEREUEN würde, nicht gelebt zu haben, dass ich beschloss: JETZT IST MEINE ZEIT!

(M)ein Traum wird wahr

Während ich nun also diesen Text schreibe, baue ich mir meinen Traum gerade auf. Ich starte meine eigene Hochzeitsagentur. Sie befindet sich noch im Aufbau (auch die Website ist noch nicht fertig), aber ich arbeite täglich für meinen Traum. Und ich weiß heute: Wenn mein Arbeitgeber ein Problem mit dieser Selbstständigkeit hat, dann werde ich es ANNEHMEN und weiter meinen Traum verfolgen. Und wenn es bedeutet diesen Job, der mir so viel Spaß macht und „Sicherheit“ gibt, loszulassen. Ich bin bereit, meinen Weg zu gehen (kurzer Nachtrag: mein Arbeitgeber hat keinerlei Problem damit! Yippieh!) Ich bin niemandem außer MIR was schuldig! Und mir bin ich schuldig mein eigenes Leben zu LEBEN. In Freude und Leichtigkeit und mit der Erfüllung aller meiner Träume! Und das ist diese Energie und (Vor-)Freude, die mich einfach immer wieder voranbringt. Alles scheint so einfach zu gehen.

Während ich 50 % arbeite, baue ich meine Agentur auf, schreibe einen Blog und habe nebenbei die 5. Geburtstagsparty meiner Tochter sowie meinen Geburtstag geplant. Dabei wurde auch viel gebastelt, organisiert und recherchiert. Der Tag hatte plötzlich gefühlt 40 Stunden und ich kam abends dennoch nicht ins Bett, weil es noch so viele Dinge gibt, die ich einfach gerade lieber tun würde... und das ist ok. Wenn mein Körper nach Schlaf verlangt, bekommt er ihn. Wenn ich aber gerade etwas anderes noch lieber „schnell“ machen möchte, dann tue ich eben das. Ich folge den Impulsen – sie leiten mir den Weg (des Herzens).

So lebe ich heute

Dass ich gerade dabei bin, meinen wohl größten Traum beruflich zu verwirklichen, habe ich ja bereits erwähnt. Aber wie lebe ich sonst noch heute? Ich bin in völligem Einklang mit meinem Selbst, spiele mit meinen Kindern, wenn ICH dazu Lust habe und ich esse, wann ICH Hunger habe (sonst setze ich mich eben nur dazu). Und wenn es mir nach einer kleinen oder großen Auszeit gelüstet (Mädchen-Tag oder Mädels-Trip oder auch mal Pärchen-Zeit), dann NEHME ich es mir! Ich stelle mir und meinen

Kindern immer wieder die Frage: WORAUF HAST DU HEUTE LUST? WAS WÜRDE DIR HEUTE FREUDE BEREITEN?
Und dann leben wir danach. Es ist nicht immer einfach, weil viele Menschen, auch mein Mann, diese Lebenseinstellung noch nicht ganz für sich entdeckt haben (oder entdecken wollen), aber es ist MEIN WEG und den gehe ich – für mich. Und meine Kinder. Denn auch sie sollen lernen, dass sie der wichtigste Mensch in IHREM Leben sind. Und das sie immer das tun sollen, was SIE glücklich macht (was MICH oft an den Rand der Verzweiflung bringt, wenn es mal nicht mit dem übereinstimmt, was ich mir von ihnen wünsche). Aber wir schaffen es. Wir finden dann immer wieder gemeinsam einen Weg und haben dadurch auch ein sehr tiefes und inniges Verhältnis zueinander.

Das Wichtigste im Umgang mit meinen Kindern ist mir aber – und so leben wir auch: Meine Kinder sollen wissen, wenn sie mal etwas tun, was MIR missfällt, sie dennoch NICHT FALSCH SIND. Sie sollen wissen, dass sie immer RICHTIG und GUT sind, in all ihrem Denken und Handeln. Es mag Situationen und Menschen im Leben geben, die es sich anders wünschen oder damit nicht klarkommen, aber dann erkläre ich ihnen, dass sie immer die Wahl haben. Passen sie sich diesen Menschen/der Situation an oder ERLAUBEN sie diesen Menschen/der Situation so zu SEIN. In diesem Sinne mache auch ich mich nicht mehr falsch, wenn ich mir wünschen würde, eine Situation anders eingeschätzt oder anders reagiert zu haben. Denn auch ich als Mama bin nicht perfekt und darf Fehler machen. Auch von diesen können sie fürs Leben lernen. Und damit fahren wir sehr gut.

Zum guten Schluss…

…möchte ich jedem ans Herz legen, der spürt, dass dieses „0815“ und nach den Regeln der Gesellschaft zu leben, nicht ihr Ding ist, für sich EINZUSTEHEN und sich für den Weg des Herzens zu entscheiden. Es wird

immer mal sein, dass Gummischnüre an einem ziehen (seien es alte Muster, Menschen oder Situationen), die dich gefühlt „auf Abwegen" bringen. So lange du jedoch gewillt bist, weiter zu gehen und gegebenenfalls Hilfe dafür in Anspruch zu nehmen, kannst du lernen, mehr auf Impulse zu hören und so ins Vertrauen zurückzufinden und DAS Leben zu leben, dass du schon immer leben wolltest.
Und wenn sich für dich, das alles total bescheuert, absurd oder realitätsfremd anhört, dann ist das auch ok. Es ist (d)eine Entscheidung! So lange sie sich für dich stimmig anfühlt, ist auch daran nichts falsch.
Ich bereue jedoch KEINE Sekunde, diesen Weg gegangen zu sein und das Geld investiert zu haben. Es fühlt sich alles herrlich und stimmig für mich an. Aber mir ist auch klar: alleine hätte ich das so nicht geschafft – vor allem nicht mit und in Leichtigkeit!

Die Autorin

Daniela Maurer ist 36 Jahre und lebt mit ihrem Mann und den beiden Töchtern in der Nähe von Freiburg im Breisgau. 2019, als ihre jüngste Tochter gerade auf die Welt gekommen war, merkte sie, dass es „nicht alles gewesen sein kann". Sie liebte beide Töchter und auch das Mama-Sein, aber es lief einfach nicht rund. Die Große wurde laut, trotzig und horchte überhaupt nicht mehr auf sie. Die Kleine benötigte jedoch so viel Aufmerksamkeit als Säugling, dass sie einfach das Gefühl hatte, keiner der beiden überhaupt irgendwie gerecht werden zu können.
Dann stieß sie auf eine Facebook-Gruppe, die sehr vielversprechend klang. „Mama sein mit Freude". Sie hüpfte in diese Gruppe und von da an veränderte sich ihr Leben gewaltig. Schon nach kurzer Zeit entschied sie sich für ein Coaching, obwohl es sie einiges an Überwindung kostete, denn es benötigte alle ihre Ersparnisse, um sich dieses leisten zu können. Aber sie wollte es unbedingt, es zog sie zu dieser Frau und schlussendlich wagte sie den Schritt.

Bis heute bereut sie diesen Schritt keine Sekunde. Sie hat sogar ein weiteres Coaching gebucht und dafür nochmal die „eiserne" Reserve angegriffen. Aber es war allemal jeden Cent wert.
Die Kurzfassung: Sie lernte ihr Leben und sich wieder zu lieben, ihre Bedürfnisse an erste Stelle zu stellen und dennoch keinen auf der Strecke zu lassen. Sie führt nun eine innige und liebevolle Beziehung zu beiden Kindern. Streiten, trotzen oder laut werden ist eine Seltenheit in ihrem Hause geworden. Sie alle träumen miteinander und gehen für ihre Träume. Dies mag in manchen Augen egoistisch und riskant erscheinen, aber für sie ist es die beste Version ihrer selbst und so kann sie ihren Kindern so viel mit auf den Weg geben. Sie lernen so viel, wenn sie für sich einsteht und ihren eigenen Weg geht.
Als sie dies für sich erkannt hatte, entstand die Idee für ihren Mama-Blog «Mamafreuden», in dem sie Menschen beitragen möchte, die vielleicht gleiche bis ähnliche Themen erleben und sich dabei immer falsch verstanden oder noch schlimmer: falsch für ihre Gefühle machen. Mittlerweile ist es mehr ein Personal Online Diary.

Sie ist nun dabei ihren ganz großen Traum zu verwirklichen: eine eigene Hochzeitsagentur. Und die nimmt sie derzeit voll und ganz ein. Und dass bereitet ihr so viel Spaß und Freude, dass es etwas ruhiger im Blog geworden ist. Dennoch schreibt sie wöchentlich in diesen Blog, was in ihrem Leben passiert.

Webseite: www.mamafreuden.de
Facebook: www.facebook.com/Mamafreuden
Facebook-Gruppe: „Mamafreuden – mit dem Herzen geht es leichter"

Annette Mertens

Die Kurve gekriegt – Warum ich in meinem Leben zweimal aus der Bahn geworfen werden musste, um es zu verstehen

In diesem Kapitel geht es um Annettes Lebensweg mit zwei Krebserkrankungen, die ihr Stück für Stück ihr gewohntes Leben genommen haben. Im Nachhinein hat sie verstanden, dass der Job im Leben nicht alles ist. Die Krankheit hat ihren Körper ausgebremst und ihr gezeigt, dass auch im tiefsten Tal wieder neue Türen aufgehen, die sie sonst nie entdeckt hätte.

Die Kurve gekriegt – Warum ich in meinem Leben zweimal aus der Bahn geworfen werden musste, um es zu verstehen

Was will ich wirklich im Leben? Was ist „mein schönes Leben“ heute? Sandras Fragen zu diesem Thema haben mich zum Nachdenken gebracht. Und ich möchte mit diesem Text Mut machen und zeigen, dass man Krisen überstehen und in einem Leben ankommen kann, in dem es sich lohnt zu leben.

Welchen Weg bin ich gegangen und welche Wendepunkte gab es in meinem Leben?
Eine ernsthafte Krankheit bedeutet immer einen Wendepunkt. Krank zu werden passiert leider vielen Menschen und die meisten leben danach sehr viel bewusster und intensiver. Sie wissen nach einer Erkrankung das, was sie am Leben haben, besser zu schätzen.
Mir ist Ähnliches leider gleich zweimal passiert. Ich bin wohl ein hartnäckiger Fall.

Mit verzweifelter Kraft klammerte ich mich sehr lange an mein altes, hektisches Leben, das meinem Körper nicht guttat. Das Schicksal musste zweimal zuschlagen, damit ich endlich verstand, was ich wirklich im Leben möchte.

Aber fangen wir am Anfang an. Was war mein Traum vom Leben, als ich Kind war?

Als ich jung war, wollte ich mit Tieren leben. Mit Pferden und Hunden. Am liebsten wollte ich Hundetherapeutin werden. Oder Tierärztin.
Aber ich wollte auch Bücher schreiben. Weil ich das in meiner Freizeit am liebsten tat. Schreiben, schreiben, schreiben.
Ich habe dann Biologie studiert, weil es ja irgendwie mit Tieren und Leben zu tun hatte. Während des Studiums stellte ich fest, wie sehr mich die Naturwissenschaft faszinierte: Das Wissen um die Vorgänge in jeder Zelle, in jedem Lebewesen. Ich lernte, mit den wissenschaftlichen Fakten umzugehen, sie zu verstehen, und auch, sie anderen zu vermitteln. Meine Diplom- und Doktorarbeiten waren Riesen-Herausforderungen für mich, die ich letztendlich sehr gut meisterte. Für die Forschung fand ich mich aber nicht gut genug. Darüber hinaus wollte ich mit Menschen zu tun haben, Wissenschaft vermitteln und sie hinaus in die Welt tragen. So trat ich meinen Traumjob in der Industrie an, im medizinisch-wissenschaftlichen Bereich. Von da an hatte ich nicht mehr mit Biologie, sondern mit Schmerztherapie zu tun – Neuland, das mich reizte.

Mein Berufsleben war mehr als spannend. Ich war in einem Team von internationalen Managern und Medizinern tätig, jeder von uns hatte eine Region auf der Erde zu betreuen und reiste regelmäßig durch die Welt, um Ärzte zu treffen, klinische Studien zu betreuen oder Vorträge zu halten. Meine Regionen waren Österreich, die Schweiz und Asien. Eine wilde Kombination, ja, aber ich habe es geliebt, Länder wie China

und Thailand, aber auch die Alpenländer kennenzulernen. Niemals sonst, ohne meinen Job, hätte ich dies alles so intensiv erlebt.
Mein Privatleben lief parallel dazu in gewohnten Bahnen: Ich habe meinen Mister Right geheiratet, zwei Kinder bekommen und arbeitete von da an halbtags. Meine Reisen wurden von Asien auf Europa beschränkt – das war sogar mit Familie vereinbar, dank der Hilfe von unseren Müttern und diversen Au-pair-Mädchen.

Ich würde sagen, diese Jahre waren die intensivsten, aufregendsten und ja, positivsten meines ganzen Lebens. „Carpe Diem", das war mein Motto, nutze den Tag, und so lebte ich auch.
Nutze jeden Tag – erlebe etwas Aufregendes, mache etwas Sinnvolles mit deinen Kindern, etwas Effektives im Job und möglichst noch etwas Lustiges mit deinen Freunden.
Das Ganze sah dann so aus: Morgens hektisch ins Büro, nachmittags gestresst nach Hause, in den Kindergarten, meine Tochter abholen, meinen Sohn zum Sport fahren, Hausaufgaben abfragen, abends Präsentationen vorbereiten und an den Wochenenden Freunde besuchen oder zu Partys einladen. Mindestens an zwei Wochenenden von vier im Monat wurden Koffer gepackt, den Laptop mit Präsentationen ausgerüstet, Flugtickets und Hotelzimmer in großen Städten gebucht.

Dauerschleife, Hamsterrad.

Mein Mann hatte einen ähnlichen Job. Manchmal gaben wir uns nicht nur die Türklinke, sondern auch lange Listen mit Aufgaben für die Kinderbetreuung in die Hand. Aber: Mein Leben war ausgefüllt. Rückblickend würde ich sagen: Das Leben war voll. Es war Stress pur.

Dann gab es den Wendepunkt in meinem Leben – an einem Donnerstagmittag, eine Stunde vor der Kindergeburtstagsfeier meiner Tochter (4

Jahre). Mein Gynäkologe war am Telefon und teilte mir mit, dass das Ergebnis der Mammographie, die ich ein paar Tage zuvor hatte machen lassen, auffällig war. Es lag der Verdacht auf Brustkrebs vor.

Ich wollte das alles nicht wahrhaben. Wir hatten einen schönen Kindergeburtstag, mein Mann ging am nächsten Tag mit ungutem Gefühl auf eine lange Dienstreise und ich suchte der Reihe nach die Ärzte im Krankenhaus auf. Und glaubte immer noch nicht, dass sich dieser Verdacht bestätigte.
In den nächsten Wochen wurde ich aus meinem bisherigen Lebenskarussell herauskatapultiert. Mit der Diagnose Mammakarzinom, hormonrezeptorabhängig und mit Mikrometastasen in den Lymphknoten, begann die medizinische Spirale. Drei Operationen, eine Chemotherapie über vier Monate, dann Bestrahlung und Reha. Nach ungefähr einem Jahr ging es mir langsam wieder besser.
Ich war überzeugt, die Krankheit überstanden zu haben, und blickte positiv nach vorne. (Das bekommt man übrigens immer gesagt, wenn man eine Krebserkrankung hat: „Du musst das alles positiv sehen …“). Mein Arbeitgeber und meine Kollegen freuten sich, dass ich nach 11 Monaten zwar geschwächt, aber umso motivierter meine Arbeit wieder aufnahm. Ich landete auf der alten Position, verdrängte alle Gedanken an Krankheit und Krebs und funktionierte sehr schnell so, als wäre nichts gewesen.
Zwei Jahre später wurde ich während einer geplanten Knieoperation ein weiteres Mal aus meinem Hamsterrad herausgeholt. Die Ärzte brachen die Operation ab und drängten mich, mein Blut untersuchen zu lassen. Die Blutwerte waren alarmierend – irgendetwas stimmte nicht.
Die Diagnose MDS bekam ich somit, als ich 49 Jahre alt war, meine Kinder 8 und 14, und ich mich gerade wieder im Leben zurechtgefunden hatte. Eine MDS ist eine spezielle Form einer Leukämie und muss mit einer Transplantation des Knochenmarks behandelt werden.

Das, was danach kam, war der lange, heftige Prozess der Stammzelltransplantation mit der Suche nach einem Knochenmarkspender, Transplantation, Wochen auf der Isolierstation, Überleben, Entlassung, Komplikationen und Leben mit einer chronischen GvHD (= Abstoßungsreaktion).

Nach der überstandenen Brustkrebserkrankung hatte ich geglaubt, für alles Weitere gewappnet zu sein. Dass mich die Transplantation und die Folgen körperlich noch einmal so beeinträchtigen würden, damit hatte ich nicht gerechnet. Ich hatte sie überlebt und empfand das schon als ein Wunder. Also konnte es ja wieder weitergehen. Immer wieder versuchte ich, meine Arbeit anzutreten. Aber durch wiederkehrende Infekte musste ich mich sehr oft krank melden. Meine Kollegen und meine Chefs waren sehr verständnisvoll. Ich bin ihnen heute noch dankbar, dass sie mir den Rücken gestärkt haben.
Meine geliebten Dienstreisen waren nur noch in verkürztem Maße möglich. Ich fühlte, dass sie mich sehr anstrengten. Das stand in klarem Widerspruch zu meinem Drang, heraus zu wollen in die Welt, in meinem Business etwas bewirken zu wollen, wieder die „Alte“ Produktmanagerin zu sein, die mitten im Job steht und etwas kann. Irgendwie passte das alles nicht mehr zu mir und meinem angeschlagenen Gesundheitszustand.

Mein Körper sagte immer wieder nein.

Vor drei Jahren, als ich 56 Jahre war, nach 26 Berufsjahren, sagte auch die Firma nein zu mir. Im Rahmen einer größeren Entlassungswelle legte man mir nahe, dass ich meine Arbeitsstelle freiwillig aufgebe, alles in Verbindung mit einem sehr guten finanziellen Paket zur Entschädigung.

Dieser Schritt war die Folge meiner beiden Wendepunkte. Mein Umfeld hat auf meine körperlichen Einschränkungen reagiert – nicht ich.
Ich war schockiert und vor den Kopf gestoßen, denn natürlich hatte ich fest damit gerechnet, noch bis zum Rentenalter, oder zumindest bis kurz davor, so weiter zu arbeiten. Trotz all der Einschränkungen gehörte mein Beruf, meine Position, zu mir.

Doch dieser Schreck dauerte nicht lange. Ich begriff, dass mir das Leben mit meiner Familie, mit meinen Hobbys, und mein gesamtes Privatleben seit meiner Transplantation viel wichtiger geworden waren, als mein eingeschränktes Berufsleben. Mit angezogener Handbremse in der Firma als die „schwache" Managerin dazustehen, erfüllte mich nicht mehr.
Ich besann mich auf meine früheren Wünsche – ein Aufruf im Internet für einen Schreibwettbewerb und ein Angebot für eine Autoren-Ausbildung in Berlin fielen mir ins Auge und spontan meldete ich mich an.
Von diesem Moment an ging ich die letzten Tage im Büro mit einem Lächeln im Gesicht durch die Gänge. Das Leben ging weiter für mich – und zwar auf ganz andere Weise spannend. Ich hatte keinen Grund, traurig zu sein.

Was bedeutet das Erlebte für mich? Wie hat sich meine Einstellung zu meinem Leben geändert?

Ich habe meine Ansprüche geändert. Ich möchte überwiegend weiterleben und dabei sein, wenn meine Kinder aufwachsen. Dieser Gedanke kommt anderen vielleicht merkwürdig vor – sie leben einfach. Für mich ist es nach all dem, was ich oben geschrieben habe, nichts Selbstverständliches mehr. Zweimal Grenzerfahrung, zweimal Sorge um das, was kommt. Ich bin heute sehr glücklich darüber, dass ich noch da bin, und auch keine lebensbedrohliche Krankheit mehr habe. Die Lebensbedrohung ist durch meine Therapien tatsächlich beseitigt. Das gibt mir Kraft und Zuversicht.

Was brauche ich noch in meinem Leben?

Interessanterweise brauche ich meinen Beruf nicht mehr im Leben. Damit hätte ich niemals gerechnet. Es ist typisch für viele Menschen in aufreibenden Positionen in der Industrie, dass sie sich durch ihren Job und ihre Position definieren. Sich dabei aber selbst ein Stückchen verlieren. Das habe ich ganz plötzlich verstanden.

Ich brauchte plötzlich andere Dinge im Leben. Ich möchte das bewahren, was ich geschaffen habe. Meine Familie. Für meinen Mann eine gute Partnerin sein – auch da muss ich immer wieder dran arbeiten. Ich freue mich daran, dass ich zwei Kinder habe und sie beide dann und wann noch ein wenig betreuen darf.

Ich möchte sie auf einen guten Weg schicken und freue mich über jede gemeinsame Ferienzeit, gemeinsame Tage in unserem Zuhause und auch über die zukünftige Herausforderung, meine Tochter mental durch ihr Corona-Abitur im nächsten Jahr zu begleiten.

Ich brauche die Zeit mit meinem Hund im Leben. Hier schließt sich der Kreis zu einem meiner Wünsche in der Kindheit. Das Zusammensein mit unserer schlappohrigen Lakritznase gibt mir Stabilität, Seelenfrieden und zaubert mir täglich ein Lächeln ins Gesicht. Ohne ihn fände ich den Alltag oft sehr viel trister.

Wovon habe ich mich verabschiedet in meinem Leben?

Von einer festen Anstellung, von dem Leben in einer festen Position, von dem Gefühl, in einer Firma gebraucht zu werden und mich dort tagtäglich beweisen zu können und zu müssen.

Erst nachdem ich mein Berufsleben aufgegeben habe, konnte ich feststellen, dass es viele Dinge gibt, die ich tatsächlich lieber tue, als in der Industrie zu arbeiten und strategische Marketingkonzepte und wissenschaftliche Präsentationen über Arzneimittel auszuarbeiten. Ich habe mich mit Begeisterung in die Autorenausbildung gestürzt, viele tolle Menschen aus einer ganz anderen Branche mit ganz anderen Interessen kennengelernt. Ich habe begonnen, einen Roman zu schreiben, und freue mich wie dolle darauf, ihn bald zu veröffentlichen. Ich habe mich ins Blogschreiben eingearbeitet, was mir sehr viel Spaß macht.

Was ist wichtig geworden in meinem Leben?

Ich habe so viel über mich und das Leben gelernt durch die Bewältigung der Zeit nach der Transplantation, dass ich dies gerne weitergeben möchte. Vielleicht hat diese Zeit seinen Sinn darin gehabt, dass ich anderen Mut machen kann. Denn die Kurve des Gesundwerdens bei mir war lang und der Weg steinig und kurvig, aber er ging stetig nach oben. Und ich bin mehr als dankbar, zweimal auch ein Quäntchen Glück gehabt zu haben. Glück im Unglück. Aber zu allererst, Glück.

Wie schön wäre es, wenn ich nur einem Menschen in dieser Situation in einer Krankheitskrise Mut machen könnte, indem ich ihm aufzeige, dass es aufwärtsgeht? Immer wieder, der Körper bahnt sich seinen Weg, mühsam, aber stetig. Und je mehr die Psyche an diesen Weg nach oben glaubt, desto besser laufen die Heilungsprozesse ab.
Daran glaube ich ganz fest und deshalb habe ich diesen Artikel geschrieben. Das Schreiben alleine hat mir schon wieder Freude gemacht. Ich wünsche mir sehr, dass andere diese Freude ebenso finden, in dem, was sie in ihrem Leben als wichtig gefunden haben.

Die Autorin

Annette Mertens ist Biologin und hat während ihres gesamten Berufslebens wissenschaftliche Texte geschrieben. Als sie vor drei Jahren aufhörte, in der Industrie zu arbeiten, erfüllte sie sich einen langjährigen Wunsch, über etwas anderes als Wissenschaft zu schreiben und absolvierte den 18 Monate-langen Lehrgang Autorenausbildung am Schreibhain in Berlin. Seitdem gehört das Schreiben zu ihrem Alltag. Als Patientin nach einer Leukämie beschäftigte sie sich seit mehreren Jahren mit dem Thema „Leben mit und nach Krebs". Weil sie selbst in dieser Situation nach Informationen zur Krebstherapie gesucht hatte, gründete sie ihren Blog „knochenmarktransplantation-light.de". Hier hilft sie Patienten vor und nach einer Knochenmarktransplantation mit Informationen, Inspirationen und Mutmach-Geschichten.

Blog: www.knochenmarktransplantation-light.de
Facebook: www.facebook.com/knochenmarktransplantationlight

Daniela Mertens

Träume sind zum Träumen da – doch manchmal muss man sie anpassen, um glücklich zu sein

Wir alle haben Träume. Sie treiben uns voran, geben unserem Leben einen Sinn, doch nicht immer können wir sie uns erfüllen. Und dann? Trübsal blasen, lamentieren und den Wünschen und Plänen hinterhertrauern, den Kopf in den Sand stecken? Nein! Das Leben bringt Veränderungen und vieles können wir gar nicht beeinflussen. Glücklich wird, wer die kleinen positiven Dinge sieht und seine Träume eben von Zeit zu Zeit anpasst. Manchmal liegt das Glück in dem, was wir gerade noch nicht sehen können.

Träume sind zum Träumen da – doch manchmal muss man sie anpassen, um glücklich zu sein

Als Kind wollte ich ins Weltall fliegen...

... die Erde von ganz weit oben sehen, winken und dann weiter zum Mond, zum Mars, in die unendlichen Weiten des Universums.

Auch heute noch kann ich stundenlang vor dem Bildschirm sitzen und mit pochendem Herzen und schneller Atmung darauf warten, dass endlich wieder eine Rakete abhebt, die Menschen ins All transportiert. Dank Livestream übers Internet ist das heute ganz einfach möglich. Als Kind drückte ich meine Nase am Fernseher platt und hoffte, mich irgendwie ins Spaceshuttle beamen zu können. Ich war mir sicher: Wenn ich groß bin, wird es stadtgroße Raumschiffe geben und ich werde dort arbeiten und leben.

Leider überholte mich mein reales Leben

und meine Berufswahl musste getroffen werden. Astronautin zu werden lag ganz weit in der Ferne, noch weiter weg als der Mond, Mars oder jeder andere Planet unseres Sonnensystems, ja sogar weiter weg als jede Sonne des Universums. Unüberwindbar hinter Grenzzäunen. Denn ich war ein Kind der DDR. Damals unterbreitete der Klassenlehrer während einer Versammlung Vorschläge für die Berufswahl. Meine Lehrerin empfahl im März 1989: Werde Grundschullehrerin!
Grundschullehrerin. Ich?! Hm, ich half zwar gern in unserer Patenklasse beim Lernen, konnte auch meinen Mitschülern gut den Schulstoff erklären. Ich war sogar geduldig. Und meine guten Schulnoten hatte ich mir mal eben so nebenbei, ohne viel lernen zu müssen, erarbeitet. Aber Lehrerin? Das wollte ich nicht werden. Ich wusste nämlich schon damals, dass ich eher Freundin als Autoritätsperson für die Kinder sein würde. Viel lieber wollte ich nutzen, was ich schon als Kind gern machte und, laut meiner Deutschlehrerinnen, gut konnte: schreiben.

Ich wollte Journalistin werden.

Leider wollte das meine Lehrerin nicht und so vergab sie meinen Platz an der Erweiterten Oberschule an einen anderen Schüler.
Ich musste mir eine Berufsausbildung suchen. In unserem Ort sollte ein Dentallabor gebaut werden. Was lag da näher, als mich zu bewerben? Alles – nur nicht das.
Ich weiß bis heute nicht, was mich da geritten hatte, beziehungsweise, was ich da geritten habe. Vielleicht den Schimmel namens Leichtigkeit? Im Juni 1989 unterschrieb ich jedenfalls meinen Ausbildungsvertrag. Statt Astronautin oder Journalistin (als Kind auch Sängerin, Privatdetektivin, Krippenerzieherin und eine Zeit lang Krankenschwester) sollte ich also Zahntechnikerin werden.

Tja, soweit der Plan...

...dann kam der 9. November 1989. Und dann der Mai 1990. Ich saß mit vier anderen Beinahe-Auszubildenden in einem engen Büro vor einem Schreibtisch. Hinter uns stand je ein Erziehungsberechtigter.
„Es tut uns leid, aber von Ihnen können leider nur zwei die Ausbildung antreten. Aber wir haben mit der Medizinischen Fachschule gesprochen. Sie können einen Beruf von dort wählen."

Ich wählte: Krippenerzieherin.

Am ersten Schultag im August oder September 1990 saßen etwa 40 junge Mädchen in einem Vorlesungsraum. Alle in freudiger Erwartung. Schwanger nicht im eigentlichen Sinne, sondern mit Fragen im Kopf wie: Welche Bücher? Wie sieht der Stundenplan aus? Wie sind die Lehrer? Finde ich Freunde?
Eine Frau trat an das Pult. „Den Beruf der Krippenerzieherin gibt es ab jetzt nicht mehr. Aber Sie können alle ein Berufsgrundbildungsjahr Gesundheit bei uns absolvieren und in dem Jahr entscheiden, welchen Beruf Sie stattdessen erlernen wollen."
Also blieb ich dort ein Jahr lang, lernte viele tolle Menschen kennen und über die Monate auch die angebotenen Berufe.

Diätassistentin klang echt gut.

Menschen beraten. Kochkurse geben. Hm ... das nehm´ ich.
Nein, jetzt kommt nicht der nächste Schlag. Ich bin tatsächlich Diätassistentin geworden. Ein toller Beruf – wenn man in der Beratung tätig ist. Allerdings arbeiten die meisten Kollegen in der Krankenhausküche. Unter Zeitdruck kochen, viel Verantwortung, noch mehr Druck bei der Endkontrolle am Fließband – Stress pur. Meine verschiedenen Praktika zeig-

ten mir, dass das nicht das Richtige für mich war. Nach meinem Abschluss suchte ich deshalb nach einer beratenden Tätigkeit. Und fand sie erst in der Selbstständigkeit.

Es machte so viel Spaß!

Für mehrere Krankenkassen leitete ich Kurse zu verschiedenen Themen, reiste durch den ganzen Landkreis von Schule zu Schule und Kita zu Kita. Es war großartig. Ich konnte selbst über die Zeit bestimmen. Aber ich musste auch allein dafür sorgen, dass ich genügend Aufträge habe. Ich wuchs an dieser Aufgabe.
1996 gab es dann ein neues Gesetz, das Krankenkassen verbot, Präventivmaßnahmen anzubieten und zu bezahlen. Von einem Tag auf den nächsten brach die Grundlage für meine selbstständige Tätigkeit weg.
Da ich 1995 und 1996 an Rundreisen durch Zypern und Kreta teilgenommen und dadurch meine alte Leidenschaft für Archäologie wiederentdeckt hatte (alte Gegenstände finden ist wie neue Planeten entdecken – na ja, zumindest im Prinzip), stand schnell fest, dass ich Abitur machen wollte, um zu studieren.

Ich ging an ein Kolleg – die drei besten Jahre meines Lebens.

Mit 22 bis 25 holte ich all die bis dahin verpassten wilden Jugendjahre nach und schaffte mit den Leistungskursen Latein und Alt-Griechisch das Abitur.
Blöderweise hatte ich zwischenzeitlich einen Mann kennengelernt ... also blieb ich in der Heimat und studierte, was meinen Vorstellungen am nächsten kam: Germanistik und Anglistik. Und als wäre das nicht genug, hängte ich noch Gesundheitsförderung und -management dran.

Diesmal brachte mich ein süßer kleiner Mann zu Fall:

Ein Kind, das gleich mit zwei chronischen Krankheiten auf die Welt kam, die mich abwechselnd daran hinderten, einer Arbeit außer Haus nachzugehen.
Meine wenige Freizeit verbrachte ich damit, zu schreiben. Romane über Liebesgeschichten ohne klassisches Happy End, dennoch mit gutem Ende. Erste Krimiversuche. Freunde brachten mir weiterhin ihre wissenschaftlichen Arbeiten, die ich korrigieren sollte. Das wurde immer mehr – bis ich einen Beruf daraus machte.
Einen Beruf, der mir Spaß macht. Es gibt nichts Schöneres, als am Ende einer Zusammenarbeit zu hören oder zu lesen: Vielen Dank! Ich habe viel gelernt.
Mit 44 war ich endlich da angekommen, wo ich eigentlich immer hinwollte: selbst meine Geschichten aufschreiben und anderen AutorInnen beim Schreiben ihrer Geschichten helfen.

Was wurde aus der Astronautin in mir?

Die Astronautin in mir träumt immer noch vom Flug ins All. Nicht verbissen, sondern mit einem Lächeln. Doch sie ist auch gleichzeitig die Autorin. Ich fliege als Autorin über´s Papier oder vielmehr über Tastatur und Bildschirm, aber als Lektorin sitze ich auch im Kontrollzentrum auf der Erde und helfe von hier aus meinen AstronautInnen bzw. meinen AutorInnen. Und ich schicke meine Geschichten in die Welt hinaus und hoffe, dass sie gelesen werden. So wie die Botschaften der Weltraumbehörden – oder manchmal eben auch Autos – ins Weltall hinausgeschickt und irgendwann mal von anderen Lebensformen im All empfangen werden. Wer etwas von mir lesen möchte, kann gern auf meiner Seite vorbeischauen. Da gibt es immer Infos zu den aktuellen Veröffentlichungen und auch ein paar Texte und Gedichte.

Manchmal weiß man, dass ein Traum niemals wahr werden kann ...

... und träumt ihn dennoch. Ich gebe es zu, ich genieße die Sehnsucht. Und das Glück derer, die die Erde von dort oben sehen dürfen. Ja, Sehnsucht kann weh tun. Sehnsucht kann aber auch positive Gefühle auslösen.

Als Alexander Gerst 2014 zum ersten Mal zur ISS abhob, habe ich den Start beobachtet und seine Fotos von der Erde förmlich eingeatmet. Seinem Start im Juni 2018 habe ich monatelang entgegengefiebert, dann die Daumen gedrückt, die Luft angehalten, auf das Andocken gewartet, bis sich endlich die Klappe öffnete und sich sechs Menschen 421 km über der Erde in die Arme fielen. Meine Augen wurden leicht feucht und das Lächeln verschwand stundenlang nicht aus meinem Gesicht. Täglich wartete ich auf seine Fotos, um dann wieder grinsend durch die Gegend zu laufen.

Mit meinen Kindern habe ich mir im Sommer 2018 angewöhnt, zu den passenden Zeiten in den Nachthimmel zu schauen, nur um die ISS als kleinen leuchtenden Punkt über uns hinweg fliegen zu sehen und hinaufzulächeln.

Selbst einmal dort oben zu sein, kann ich vergessen, auch wenn meine Kinder mir schwören, dass sie ganz viel Geld verdienen wollen und zusammenlegen, um mir einen Flug zur ISS zu schenken. Die Süßen. Sie sind noch so wunderbar naiv, glauben an das, was sie einmal haben wollen. So wie die kleine Dani damals.

Mein Herz füllt sich gerade mit ganz viel Liebe für die drei.

Was mir bleibt, sind Geschichten,

... die ich erfinden kann. Und die Beschäftigung mit der Theorie. Für eine Kurzgeschichte, die auf dem Mars spielen soll (erscheint im November in

einer Sammlung der Autoren Sternzeit), habe ich zum Beispiel über geplante Marsmissionen recherchiert. Bittersüße Sehnsucht strömte währenddessen in mein Herz, mein Bauch fühlte sich ganz kribbelig an, als wuselte dort ein ganz eigenes Universum.
Wenn ich mich mit der Raumfahrt beschäftige, stoße ich immer wieder auf Menschen, die ihren Traum so sehr verfolgen, dass sie ihn bereits wahr gemacht haben oder noch wahr werden lassen wollen – wie Alyssa Carson und Abigail Harrison, zwei starke Persönlichkeiten, die für ihren großen Traum leben.

Große Träume – kleine Träume

Der Beruf ist ein großes Thema im Leben. Natürlich. Schließlich verbringen wir viel Zeit damit, zu arbeiten. Aber auch andere Träume brauchen wir. Große, aber auch kleine.

- Kinder. Familie.
- Reichtum. Ein schönes Haus.
- Eine eigene Farm in Australien.
- Eine Märchenhochzeit.
- Einmal einen Vulkan besteigen.
- Ballonfahrt. Parabelflug. Fallschirmsprung. Bungee-Jumping.
- Viel Zeit am Meer.
- Oder einfach nur mal wieder ausreichend Schnee, um eine Schneeballschlacht zu machen oder einen Schneemann zu bauen.

Noch viel mehr zu reisen ist einer meiner Träume.

Wenn schon nicht ins Weltall, dann wenigstens auf der Erde. Ich liebe es, andere Kulturen kennen zu lernen, andere Landschaften zu sehen, Menschen zu erleben – ihre Lebensgeschichten zu erfahren. Und ich liebe Sprachen.
Wirklich weit bin ich noch nicht gekommen. Polen, Dänemark, Tschechien, Italien, Griechenland, Marokko, Straßburg, Liverpool.
Meine erste und längste Reise ging allerdings nach Zypern, denn auch wenn ich körperlich gerade hier in Deutschland an meinem Schreibtisch sitze, so ist doch ein Teil meines Herzens damals auf Zypern hängen geblieben. Darum muss auch mein Körper immer mal wieder dorthin zurück, sonst zerreißt mich die Sehnsucht.
Mit drei Kindern ist das Reisen nicht mehr ganz so leicht. Hinzu kommt, dass wir natürlich unseren Kindern mehr von der Welt zeigen möchten als nur einen Ort.
Meistens bleiben wir aber innerhalb Deutschlands. Ostsee, Nordsee – klar. Die großen Städte – natürlich. Wandertouren im Elbsandsteingebirge oder im Schwarzwald – liebend gern. Mehrmals jährlich Tagesausflüge in den Harz – logisch, wenn man schon in der Nähe wohnt. Ein Traum meines Mannes war übrigens Wuppertal – erledigt.

Mein Traum im Moment?

Hm, ein Haus auf Zypern vielleicht. Meinen ersten Roman zu veröffentlichen und viele LeserInnen zu erreichen, ja, das ist wohl der größte. Aber zuallererst wünsche ich mir, dass wir alle gesund bleiben.

Träume zu haben, ist wichtig. Träume treiben uns voran.

Dennoch finde ich es auch wichtig, zu sehen, was ich habe:

- einen liebevollen Mann, drei wundervolle Kinder.

- einen Job, der mich glücklich macht und mir erlaubt, Familie und Beruf easy zu koordinieren.
- eine gemütliche Wohnung.
- wunderbare Geschwister und Schwägerinnen/Schwager und deren Familien.
- die besten Eltern der Welt und die beste Schwiegermama der Welt.
- echte Freunde.

Ich erinnere mich noch sehr gut an eine Unterhaltung mit einer Freundin. Da war ich 22 und sagte: „Eigentlich hätte ich gern drei Männer: einen zum Pferdestehlen, einen zum Reden und einen humorvollen zum Spaß haben."

Nun ja, man sollte eben vorsichtig sein, was man sich wünscht. Jetzt habe ich drei kleine Männer. Ok, zwei überragen mich mittlerweile körperlich, was sich bei jedem Gang draußen anfühlt, als wäre ich mit Bodyguards unterwegs.

Unter den dreien sind ein Philosoph zum Reden, ein Scherzkeks, der mit trockenen Pointen um sich schießt, und einer, der für jeden Blödsinn zu haben ist. Voilà! Da soll nochmal einer sagen, dass Träume nie wahr werden.

Wo ich schon beim Thema Kinder bin: Ich wollte zwei. Einen Jungen und ein Mädchen. Aber wer kann sich das schon aussuchen? Mein Mann sollte unbedingt Fußballer sein. Und heiraten wollte ich NIE. Ist alles nicht eingetroffen. Aber was solls?!

Du kannst planen. Natürlich. Aber letztendlich kommt es doch anders. Wenn du das für dich akzeptierst, dann gewinnst du viele Glücksmomente, weil du alten Plänen oder Träumen nicht mehr nachjagen musst.

Die Kunst des Glücklichseins besteht nämlich darin,

... sich zwar Träume zu schaffen, aber dennoch flexibel zu bleiben. Und darin, sich Schicksalsschläge und Planänderungen nicht zu Herzen zu nehmen. Wer weiß schon, wozu es einmal gut sein wird?
Wie sehr hatte ich mir zum Beispiel diese eine tolle Schule für meinen Sohn gewünscht. Es tat verdammt weh und ich habe sogar geweint, weil wir nicht unter den Auserwählten waren. Lange habe ich überlegt, woran es gelegen haben könnte. Aber warum?
Es wurde ja alles gut.
Wäre er an diese Schule gegangen, hätte er nicht genau diese eine beste Freundin kennen gelernt. Wir hätten nicht am Schüleraustausch teilgenommen. Er wäre ein ganz anderer Mensch ohne das dadurch gewonnene Selbstbewusstsein und Selbstvertrauen. Aber ich schweife schon wieder ab, weg von mir, hin zu meinen Kindern. Etwas, das Eltern, vor allem Mütter, zu gern tun.

Lange Rede? Ok, dann kommt jetzt der (doch wieder nicht so ganz) kurze Sinn:

Träume! Halte daran fest, aber nicht zu verbissen. Manchmal bringt dir das Leben eine Weggabelung. Wähle und mache dann das Beste daraus. Auch wenn es mal so richtig sch... läuft und du denkst: Hätte ich mich doch für den anderen Weg entschieden. Nein, du weißt doch gar nicht, was dich da erwartet hätte. Also nimm an, was du hast. Und wenn dir etwas fehlt, dann nimm dein Leben selbst in die Hand. Niemand, wirklich NIEMAND macht das für dich!
Manchmal bringt dir das Leben aber auch eine scharfe Kurve und du hast gar keine andere Wahl, als die Augen zu schließen und einfach weiterzugehen. Geh den Weg und schau, wohin er dich bringt. Vielleicht wartet

ja das Glück auf dich, nachdem du durch Schlamm gerobbt, über hohe Mauern geklettert oder über Hürden gesprungen bist.
Auch wenn es abgedroschen klingt: *DU bist deines Glückes Schmied.*
Das Leben ist eine Berg-und-Tal-Bahn. Nach jedem Tal kommt ein Berg, wahrscheinlich schöner als alle davor. Manchmal meint der Scherzkeks am Schaltpult, sie rückwärts laufen lassen zu müssen. Aber hey, wenn du dich nicht gerade übergeben musst, kann das sogar Spaß machen. Lass dich ein auf das Leben.
Ein Mensch, der großen Anteil an dieser Erkenntnis in mir hatte, war Colin Vearncombe, vielen vielleicht bekannter als BLACK durch WONDERFUL LIFE. Mit seiner Musik half er mir vor allem durch meine Teenagerzeit. Seit 1986 begleitet mich seine poetische Musik durch alle Höhen und Tiefen meines Lebens. Er hat nie aufgehört, Musik zu machen, und so gibt es auf seiner Website viele Alben zu entdecken. Sein tragischer Tod im Januar 2016 stellt einen wesentlichen Wendepunkt in meinem Leben dar, denn er hat mir gezeigt, wie endlich wir alle sind und dass ich all meine Bedenken vergessen muss, um meine Texte zu veröffentlichen. Danke Colin, für deine Musik und Inspiration!

Als Abschluss möchte ich eine Geschichte teilen, die ich ursprünglich als Prolog für einen autobiografisch angehauchten Roman geschrieben hatte. Sie erzählt von einer jungen Frau, die sich selbst nicht mag und sich deshalb all die schönen Dinge des Lebens versagt. Auch wenn Aphrodite ihr erst Mut einflüstert, so ist doch Clara diejenige, die ihre Einstellung zu sich und zum Leben ändert, um glücklich sein zu können. Die Botschaft: Trau dich, Fehler zu machen. Sei du selbst. Du bist wunderbar.

Alles Liebe
Dani

Claras Melodie

Die Göttin stand auf einer Anhöhe hoch über dem menschenüberlaufenen Strand. Ihr weißes Gewand und ihr blondes Haar wehten im Frühlingswind. Hier hatte sie einst zum ersten Mal Land betreten.
Sie liebte diese Insel. Sie liebte die Menschen, die sich von der Liebe an diesen Ort leiten ließen. Aphrodite lächelte zufrieden und schloss ihre Augen, um den Seelenmelodien der Menschen zu lauschen.
Eine gefiel ihr besonders. Melancholisch und voller Selbstzweifel, und doch hell und klar - und hoffnungsvoll. Diese junge Seele hielt sich für nicht liebenswert und unattraktiv.
Aphrodite betrachtete sie. Clara, süße 19. Eine Busrundreise hatte sie und ihre Eltern hierhergeführt. Rote Locken umspielten ihr schmales Gesicht. Strahlend grüne Augen blickten auf der Suche nach sich selbst in die weite Welt hinaus. Sie versteckte sich hinter ihrer unnahbaren Fassade und wirkte ungewollt geheimnisvoll und anziehend. Doch davon ahnte sie nichts. Ein federleichtes Kleid aus weißer Baumwolle mit unzähligen Blüten aller Regenbogenfarben darauf umschmeichelte ihre weiblichen Rundungen.
Clara streifte die silbernen Flip-Flops ab, erspürte die warmen Steine des Strandes mit ihren Fußsohlen. Sie blieb hinter der Wellenlinie zurück, als habe sie Angst vor der Berührung des Wassers – als habe sie Angst vor dem Leben.
Aphrodites Herz füllte sich mit Liebe für diese einsame Seele. Sie lächelte und ließ die Wellen durch die Kraft ihrer Gedanken einen Meter weiter über die bunten Kiesel gleiten. Weißer Schaum umspülte Claras Füße. Sie sprang erschrocken zurück.
Die Göttin schwebte unsichtbar wie der Wind von ihrem Hügel herab und stellte sich neben die junge Frau. Ihr Flüstern klang für Clara wie der warme Frühlingswind. Doch ihr Unterbewusstsein nahm die Botschaft darin wahr. »Hab keine Angst vor dem Leben, keine Angst vor der Liebe.

Sei mutig. Sei du selbst. Du bist wunderschön und wundervoll. Vergiss das nie.«
Ein zarter Windhauch streichelte Claras Wange wie eine mütterliche Hand. Mutig setzte sie ihre Füße einen Schritt nach vorn. Eine sanfte Welle begrüßte sie. Ihre Zehen gruben sich in den grobkörnigen Sand. Das Wasser gab ihre Füße frei und ein herzförmiger Stein glitzerte im Sonnenlicht zwischen ihren großen Zehen. Sie hob ihn auf und schloss die Augen. Wärme durchströmte ihren Körper. Aus ihr erwuchs ein Gedanke. Eine Erkenntnis. Ja, sie war etwas Besonderes. Und sie war kein kleines Mädchen mehr, sondern eine Frau mit Gefühlen und Bedürfnissen. Liebenswert. Begehrenswert. Sie drehte sich um zu dem jungen Mann, nicht viel älter als sie, mit den blonden Wuschelhaaren und der nerdigen Brille. Er suchte seit drei Tagen ihre Nähe. Zum ersten Mal schaute sie in seine blauen Augen und schenkte ihm ein Lächeln. Er lächelte zurück und Clara spürte etwas, das sie bisher noch nicht gekannt hatte. Vielleicht war er der Eine. Vielleicht war er nur eine Station auf ihrem Weg zur großen Liebe. Wie sollte sie das jemals erfahren, wenn sie sich nicht einfach in die Wellen des Lebens stürzte?
Aphrodite folgte dem Blick der jungen Frau. »Gut so, Clara«, hauchte sie und schwebte über das Meer davon.

Die Autorin

Daniela Mertens liebte es, mit ihrer Oma Geschichten zu erfinden. Als sie Schreiben lernte, konnte sie diese endlich festhalten. Sie verbrachte viel Zeit mit dem Schreiben von Gedichten und Geschichten, die sie alle über die Jahre aufgehoben hat. Doch Schreiben war nicht nur ein Zeitvertreib, sondern auch Mittel zur Verarbeitung von Erlebtem. Das war nichts wirklich Weltbewegendes, nur typische Liebesgeschichten eben, Begegnungen mit Menschen,

die sie geprägt haben. Überhaupt findet sie den Augenblick einer ersten Begegnung zwischen zwei Menschen und die darauffolgende vorsichtige Kennenlernzeit spannend. In welche Richtung entwickelt sich das erste Sondieren? Wird aus Liebe Hass oder aus Hass Liebe? Liebe steht jedenfalls nie still. Und das thematisiert sie in ihren Geschichten. Es gibt ein Happy End, doch die Autorin geht weiter, denn auch das Leben bleibt nicht am glücklichsten Punkt stehen. Das weiß sie aus eigener Erfahrung.
Mit drei Söhnen und Ehemann lebt sie in Magdeburg, einer schönen, grünen Stadt mit vielen Parks und Menschen, die viel aufgeschlossener sind, als ihr Ruf behauptet. An den Wochenenden radelt die Mertens-Bande raus in die Natur, über Feldwege, durch kleine Wälder, zum Mittellandkanal, auf ihm entlang bis zu den vielen Schleusen und zur Trogbrücke. Weiter durch die Elbauen und den Herrenkrugpark. Mehrere Seen liegen keine zehn bzw. zwanzig Fahrradminuten entfernt.
Die Familie reist gern durch Deutschland und manchmal auch etwas weiter, auf eine griechische Insel, nach Dänemark oder Zypern.
Daniela Mertens gibt ihr Wissen über Sprachstil, Spannungsbögen und fehlerfreies Schreiben aus ihrem Germanistikstudium und jahrelangen Erfahrungen als Lektorin, Korrektorin und Coach an AutorInnen sowie an Studierende weiter. Nebenbei arbeitet sie an eigenen Romanen und Kurzgeschichten. Unter anderem werden zwei Weihnachtskurzgeschichten im November 2020 in Anthologien erscheinen (Autoren-Netzwerk: Geschichten unterm Tannenbaum; Autoren Sternzeit/Olga Drocjuk (Hrsg.): Geschichten, die nie erzählt wurden).
Wie Konfuzius (551-479 v. Chr.) schon sagte: „Wähle einen Beruf, den du liebst, und du brauchst keinen Tag in deinem Leben mehr zu arbeiten.“ Daniela Mertens hat ihren Traumjob gefunden und kann ihn mit einem wundervollen Familienleben verbinden.

Webseite: www.lektorat-danimertens.jimdofree.com
Facebook: www.facebook.com/LektoratDaniMertens

Sonja Mikeska

Von der Statistin zur Regisseurin

In diesem Kapitel beschreibt Sonja ihre persönliche Entdeckungs-Reise zu sich selbst. Sie erzählt wie sie immer mehr vom unbewussten „mich vom Leben und von Anderen leben lassen" in ein aktives „Leben gestalten" kommt. Es ist eine Mutmach-Geschichte, die auch andere inspirieren möchte, herauszufinden was sie wirklich wirklich im Leben wollen.

Von der Statistin zur Regisseurin

Der Sinn des Lebens besteht wohl darin zu lernen, es selbst in die eigene Hand zu nehmen...

It's my life
It's now or never
I ain't gonna live forever
I just want to live while I'm alive.
(Jon Bon Jovi)

Growing up into an adult world

An die Tage meiner Kindheit habe ich ehrlich gesagt gar nicht mehr so viele Erinnerungen. In meiner „gefühlten" Erinnerung ging es mir meist darum, Konflikte und Chaos im Außen auszublenden, mich möglichst unauffällig zu verhalten, um selbst nicht groß in die Schusslinie zu geraten und mich zugleich auf die schönen, lustigen und bunten Aspekte des Lebens zu konzentrieren. Ich glaube ich führte ein ziemlich angepasstes Dasein als „liebes Kind" mit den „normalen" Kinderkrankheiten, Kindergeburtstagsfeiern, (Brief-)freundschaften & Spielzeugen und war der

Traum einer jeden Mutter, da ich nur sehr gute Schulnoten nach Hause brachte (ohne irgendwas dafür zu lernen, es flog mir alles in Leichtigkeit zu)... Damit standen mir alle Wege offen und ich überließ es dem Zufall und meinem damaligen Freundeskreis, welche Fächer ich studieren sollte.
Ich setzte mich nie bewusst mit anstehenden Entscheidungen auseinander, sondern ließ das Leben mit meiner „Alles ist gut"-Brille einfach geschehen und ließ mich treiben, wie ein Stück Holz im weiten Ozean. Und wieder hatte ich super Uni-Noten, mir standen wieder alle Wege offen und ich sagte immer JA, wenn mir das Leben etwas anbot. JA zu einer angebotenen Doktorarbeit, JA zu einem angebotenen Job, JA zu einer langjährigen Partnerschaft, JA zu interessanten Auslandsprojekten... Im Gelegenheiten wahrnehmen (und erstmal alles annehmen, ohne es kritisch zu hinterfragen) war ich richtig richtig gut, denn schließlich konnte ich auch allen leidvollen Begleitaspekten immer etwas Gutes abgewinnen. Wenn mich zum Beispiel jemand warten ließ oder versetzte, freute ich mich einfach über die damit gewonnene Zeit und empfing mein Gegenüber auch noch Stunden später mit einem freundlichen Lächeln. Meine rosarote Brille präsentierte mir die Schokoladenseiten und Geschenke in jeder Situation, ich fühlte mich immer fröhlich und gut gelaunt und hüpfte weiter von einem Projekt ins nächste, immer nach vorne, immer weiter dem free flow folgend... als optimaler Statist, an jeder beliebigen Stelle einsetzbar, perfekt angepasst an jede Szene.

Äh Moment mal... irgendwas stimmt hier nicht... innehalten...

Was von außen betrachtet wie das ideale „Schöne Welt – Bilderbuchleben" aussah (keine Konflikte, pure Harmonie in Partnerschaften, unzählige Freundschaften & everybody's darling, erfolgreiche Projekte, unbefristeter und sicherer Job,...) schien jedoch irgendwann von innen zu zer-

bröseln. Mein Körper zeigte mir schon länger über einen erhöhten AugenDRUCK, dass ich da auch was wegzuDRÜCKEN schien. Hautreizungen an den empfindsamsten Stellen des Körpers signalisierten mir, dass mein Kontakt zu den mir nahestehenden Personen vielleicht doch nicht so smooth war, wie ich es wahrnahm. Und irgendwann vor einigen Jahren, inmitten eines stressigen Auslandsprojektes bei gleichzeitigem Stress im privaten Umfeld, spürte ich ganz plötzlich so etwas wie Panik in mir aufsteigen. Ich versuchte mich von diesem Gefühl abzulenken mit noch mehr Partys und noch abenteuerlicheren Projekten... Doch da gab es etwas in mir, was irgendwann nicht mehr weggedrückt werden wollte und aus dem Inneren des Vulkanes ausbrechen wollte. Ich kannte diese Empfindungen überhaupt nicht und sie waren mir total fremd. Bislang hatte ich mich immer als sichere, stabile, robuste, „let's rock a beautiful life – Power Woman" empfunden, die durch nichts zu erschüttern ist, und plötzlich schlotterten mir die Knie, ich war kurzatmig und konnte mich nicht mehr aufs Leben konzentrieren und „funktionieren".
Ähnliche, wellenartige Gefühle sollte ich ein paar Jahre später nach dem Tod meiner Mutter nochmals durchfühlen. Heute weiß ich, dass sich Gefühle so anfühlen, damals war es der Horror für mich und ich habe es meiner wundervollen und wundervollbringenden Heilpraktikerin zu verdanken, dass ich in dieser Situation wieder gut ins Leben fand. Allerdings war dies nur möglich mit einem bewussten Hinschauen zu mir, ins Innere statt ins Außen.

Tore zu einer neuen, unbekannten Welt

„Die schönste Reise ist die Reise zu dir selbst!" stand auf einer Postkarte geschrieben, die ich per Zufall bei einem Schreibwettbewerb von einer anderen mir zugelosten Teilnehmerin zugeschickt bekam. Hmm, im „in der Welt herumreisen" war ich Meisterin, aber eine Reise zu mir selbst hatte ich noch nie angetreten. Versteckte sich hinter meiner ganzen

Abenteuer- und Reiselust vielleicht auch eine Art Flucht, mein eigenes Leben und bestimmte schattige Anteile gar nicht anschauen zu wollen, sondern stattdessen lieber unter der Sonne und am Strand cocktailschlürfend zu tanzen? Mutig machte ich mich in den letzten drei Jahren auf diese Reise zu mir selbst, dabei immer der ganz leise in mir vernehmbaren Stimme folgend. Ich besuchte unzählige Vorträge, Workshops und Seminare, arbeitete mit dem „inneren Kind", öffnete mich in tantrischen Massagen der Weisheit meines Körpers und las Bücher zu den verschiedensten psychologischen und spirituellen Aspekten, die mich auf meiner Reise Schritt für Schritt voranbrachten. Herausheben möchte ich an dieser Stelle zwei Initiativen, die ganz wesentlich zu meiner Weiterentwicklung und Entfaltung meines Wesenskerns beigetragen haben und Tore zu einer neuen Innenwelt bei mir geöffnet haben:

„Sei der Magier deines Lebens"

Im Januar 2017 zog es mich magisch zu der mehrteiligen Weiterbildungs-Reihe „Sei der Magier deines Lebens" von Jan Becker hin. Gleich im ersten Seminar geschah etwas Magisches mit mir. Jan führte uns im Jüdischen Museum in Berlin in eine „Golem"-Ausstellung (ein Golem ist ein Wesen aus unbelebter Materie, das durch rituelle Beschwörung und hebräische Buchstabenkombinationen zum Leben erweckt wird). Unsere Aufgabe war es, die Darbietungen im Museum aus positiver, negativer und neutraler Perspektive wahrzunehmen. Während für fast ALLE Teilnehmer das Highlight darin bestand zu erkennen, dass sie wirklich gruseligen Szenen noch etwas artistisch Schönes abgewinnen konnten, war es für mich eine wirklich augen-öffnende Aha-Erfahrung, dass ich auch mal etwas Negatives „sehen", wahrnehmen und artikulieren konnte. Eine ganz neue Erfahrung, trabte ich zuvor jahrelange mit einer rosaroten Brille durchs Leben! Wow und eine Tarot-Karte mit einem kopfüber

Hängenden (Le Pendu) signalisierte mir deutlich, dass ich zwar free-floating im Wind treibend mein Leben lebte, dass mir aber ein Perspektivenwechsel echt gut täte und ich bekam wie in einem Geistesblitz eine plötzliche Idee, woher mein erhöhter Augendruck evtl. rühren könnte. In der Abschluss-Übung in den Kreis der Gruppe tretend wünschte ich mir, dass ich nun den Mut aufbringen würde, all das zu sehen und anzuschauen, was ich zuvor nicht zu sehen bereit war und lieber weggeDRÜCKT hatte. Ein „Abracadabra" der Gruppe besiegelte meine Entschlossenheit und so sollte dann meine Reise zu mir selbst weiter voranschreiten und der in mir schlummernde Golem-Anteil auch zu neuem Leben erweckt werden.

„Herz über Kopf" – Ausbildung zum Inspirationscoach

Ein zweites Tor zu der mir neuen unbekannten Welt öffnete sich während meiner Ausbildung von „Herz über Kopf" zum Inspirationscoach online. Hier lernte ich nicht nur die Schattenanteile zu SEHEN, sondern auch zu FÜHLEN. Während andere Teilnehmer völlig vertraut waren mit Gefühlen wie Angst, Ohnmacht, Wut, etc. und es für sie ein Highlight war, diese in Freude und etwas Positives zu verwandeln, war es für mich etwas ganz neues, diese negativen Gefühle überhaupt einmal bewusst kennenzulernen. Als Kind hatte ich sie wahrscheinlich unter der rosaroten Brille wirklich gut versteckt. Sie nun mal bewusst zu durchfühlen und darin zu entspannen anstatt sie wegdrücken zu wollen oder auf die nächste Dienstreise zu flüchten, war eine revolutionäre und befreiende Entdeckung für mich. Genauso neuartig wie die Erfahrung im Jüdischen Museum, Negatives zu sehen war für mich die Entdeckung, was es da an Ängsten überhaupt so alles in mir gab: Ängste nicht zu funktionieren, Ängste nicht den Erwartungen der anderen gerecht zu werden, Ängste Fehler zu machen und hinzufallen... Woher kommen diese Ängste? „Man hat nur Angst, wenn man mit sich selber nicht einig ist", sagte schon Hermann Hesse.

Laufen lernen: Auf eigenen Beinen gehen und stehen lernen

Mit mir selber einig zu werden, alle meine Anteile anzuschauen und zu integrieren, mich in Selbstliebe zu üben, herauszufinden wer ich wirklich bin, bedeutete für mich anfangen laufen zu lernen, die ersten Schritte mit eigenen Beinen bewusst zu gehen anstatt mich einfach so treiben zu lassen. Das geht natürlich nicht vom einen auf den anderen Schlag wie ein Schalter, den man umlegt. Es ist wie bei einem Musikinstrument ganz viel Übung erforderlich und die Geduld für kleine Schritte:
Ich lerne nun meine Augen und mein Herz offen zu halten und bei dem, was mir das Leben schickt, vor dem JA sagen erst einmal zu hinterfragen: WILL ich das? Will ICH das? Will ich DAS? Ich lerne Grenzen zu setzen, NEIN zu sagen, wenn sich etwas nicht stimmig anfühlt für mich. Ich lerne auf die Signale und Botschaften meines Körpers zu hören. Ich lerne mein Umfeld, die Natur, anders wahrzunehmen. Ich lerne mich mitzuteilen und das auszudrücken, was in mir ist. Ich lerne Gefühle zuzulassen – verletzlich ist das neue sexy!
So durften viele magische Dinge in meinem Leben NEU entstehen: mein magischer Blog, meine Poesie, meine improvisierte Musik, unter Anleitung einer tollen Künstlerin sogar ein paar Bilder („ja, Sonja, trau dich, nicht immer nur Einhörner und Sonnenschein zu malen, verleihe auch mal deinem Zorn mit fetter roter Farbe Ausdruck“).
Und noch mehr MUT, KRAFT und KLARHEIT erforderte es tatsächlich, nicht nur NEUES entstehen zu lassen, sondern auch ALTES abzuschließen und gehen zu lassen. Tatsächlich mal Entscheidungen selbst zu treffen und das Leben aktiv zu gestalten, anstatt gelebt zu werden. So kam es, dass ich meinen Job auf Leitungsebene an der Uni letztes Jahr auf 50 % reduzierte, mich in diesem Jahr von langjährigen Freundschaften und auch aus meiner Partnerschaft verabschiedete, aus Projekten ausstieg, viele Möbel und Kleider ausmistete und gestern nun auch das letzte Treffen mit meinem langjährigen Klavierlehrer hatte. Er ermunterte mich:

„*Now it's time to be your own teacher*!" Es ist ein schönes Gefühl, wenn Menschen, die einem am Herzen liegen, einen frei weiterziehen lassen und in Liebe loslassen. In diesem Sinne danke ich auch meinem Mann, der nach eigenen Worten „in mir nicht mehr die Frau erkennt, die er einmal geheiratet hat" für seine wohlwollende Kommunikation in Bezug auf meinen Entschluss, meiner inneren Stimme zu folgen und von nun an meinen eigenen Weg zu gehen.

Auf die Richtung kommt es an!

Fühle ich mich nun angekommen nach diesen kraftvollen Entscheidungen für freiere Lebens- und Arbeitsformen? Nein, es fühlt sich so an, die ersten Schritte in die richtige Richtung gegangen zu sein. Ich fühle mich auf dem Weg (nicht mehr auf der Flucht) und der Weg entsteht beim Gehen. Der Unterschied ist, dass ich selbst bestimme, in welche Richtung meine Füße den nächsten Schritt tun. Wann es Zeit ist, anzuhalten, tief durchzuatmen, auf die innere Stimme zu hören, sich neu zu orientieren und dann wieder weiterzugehen.
Habe ich ein klares Ziel vor Augen? Nein, das habe ich nicht. Es ist eine Richtung. Eine Richtung, die durch Werte definiert ist, die ich in meinem Leben erfahren möchte: FREIHEIT, EHRLICHKEIT, LUST und LIEBE. Diese habe ich bei meinem Retreat an der Ostsee auf feste Steine gemalt. Diesen möchte ich folgen, sie bewusst leben und gleichgeSINNte, an diesen Werten orientierte Menschen in mein Leben einladen. Ich darf gerade erfahren, wie schön es sich anfühlt, in Freiheit und Verbundenheit mit einem magischen Wesen meinen Weg fast täglich zu reflektieren und gemeinsam die Wellen zu surfen, die entstehen, wenn man authentisch zu seinen Werten steht.
Mir selbst gegenüber habe ich versprochen, nicht mehr aus Obligation Feelings heraus zu handeln, sondern nur noch dann JA zu sagen, wenn

es sich stimmig mit meinen Werten, das heißt frei, ehrlich, lust- und liebevoll, anfühlt. Dies nicht nur gegenüber anderen, sondern auch gegenüber mir selbst zu be-herz-igen.
Und tue ich das schon zu 100 %? Nein, es gibt immer wieder Situationen, in denen ich „hinfalle" (auch im wahrsten Sinne des Wortes, zum Beispiel vom Fahrrad) und nicht ganz die Magierin meines eigenen Lebens bin. Dann bin ich sehr sehr dankbar für meine Herzensbegleiter auf meinem Weg, die mir helfen mich den „Säbelzahntigern" zu stellen und die mich auch in diesen Situationen verletzlich, tränenüberströmt und mit blauen Flecken so annehmen wie ich bin, mir mit homöopathischen Mitteln erste Hilfe leisten oder mir trostspendende Teddybären weitervererben.
You Never Walk Alone und DANKBARKEIT ist ein guter Begleiter!

Nach dem Herauswachsen aus der Statistenrolle und dem Ausprobieren einiger aktiver Hauptrollen möchte ich nun immer mehr in die Rolle der Regisseurin kommen, die sich nicht nur fragt, will ich diese mir angebotene Rolle annehmen und ausgestalten, sondern die selbst das Drehbuch ihres eigenen Lebens schreibt: „Was will ich? Wie will ich es? Wann will ich es? Mit wem will ich es?"
Ich glaube, ich bin nach wie vor nicht die Regisseurin, die alles bis ins kleinste Detail plant, sondern eine, die im Rahmen selbst gesteckter Räume weiterhin auch das Improvisieren und die Geschenke des Universums liebt, denn der Sinn des Lebens ist ja das Leben zu erfahren. Ich möchte eine Regisseurin sein, die mutig darauf vertraut, dass „everything begins and ends at exactly the right time and place" (Joan Lindsay, Picnic at Hanging Rock), aber das Vertrauen nicht mehr aus einer rosaroten Brille heraus schöpft, sondern aus einer transparenten, klaren und selbst-ehrlichen Sicht der Dinge.

Die Autorin

Sonja Mikeska beschäftigte sich in ihrem Studium der Politikwissenschaft und Amerikanistik damit wie Realität auf politischer Ebene „konstruiert“ und die Macht der Sprache dazu genutzt werden kann, kraftvolle Bilder und Emotionen entstehen zu lassen. Nach ihrer Doktorarbeit über die Rhetorik amerikanischer Präsidenten gewann sie in ihrer Arbeit im Hochschulmanagement Einblicke in die Kommunikation und Wirklichkeiten von Präsidenten deutscher Hochschulen. In internationalen Projekten in Europa und Lateinamerika konnte sie ihren Horizont erweitern und in interkultureller Kommunikation mit vielen wundervollen Menschen zusammenarbeiten.

Heute widmet sie sich neben ihrer Tätigkeit im Qualitätsmanagement an Hochschulen in besonderer Weise der Qualität des Lebens. Anstelle von Staaten und Organisationen steht für sie aktuell der Mensch als ganzheitliches Wesen im Vordergrund ihres Interesses. Nach Ausbildungen zur „Magierin des Lebens“ (Jan Becker) und zum „Inspirationscoach online“ (Christina & Walter Hommelsheim, Herz über Kopf) möchte sie Menschen dabei begleiten, herauszufinden, wie ihre eigenen Wirklichkeiten konstruiert sind und wie sie in die Selbstwirksamkeit gelangen, um mutig Schritt für Schritt ihr Leben in die eigene Hand zu nehmen. Von ihrer eigenen Reise auf diesem Weg des Ent-Faltens handelt ihr Kapitel in diesem Buch, der als Beitrag zu Sandras Blogparade entstand. Sonja liebt das Schreiben und berichtet in ihrem Blog „Magic in Your Life“ regelmäßig über die Wunder & Verrücktheiten, die das Leben für sie bereithält. Sie liebt Texte, Musik, Geschichten, Bilder, Natur und Berührungen und bietet, auch gerne in Co-Kreation mit GleichgeSINNten, interaktiv-spielerische Formate an, um den Moment bewusst und achtsam zu erleben und so die Magie des Lebens auf vielfältige Weise spüren zu dürfen.

Webseite: www.magicinyourlife.de
Facebook: www.facebook.com/magic.sonja.mikeska

Dr. Michaela Muthig

Story of my life – Die beste Geschichte meines Lebens

In diesem Kapitel geht es um den Mut, an seine eigenen Träume zu glauben und für sie alles zurückzulassen.

Story of my life – Die beste Geschichte meines Lebens

„Willst du Mutmacher sein?" Klar, dass ich mich von dieser Frage sofort angesprochen fühle!
Mein kleiner innerer Kritiker merkt zwar an, dass ich schon sehr oft meine Lebensgeschichte erzählt habe, und die Leser meiner Website sie nun bestimmt bald auswendig aufsagen können, aber ich finde, gute Geschichten kann man ruhig auch mehrmals erzählen. So lange, bis sie andere mitreißt, und dazu veranlasst, sich auf den Weg zu machen, auf der Suche nach sich selbst.

Hier kommt sie also, die Geschichte meines Lebens:

Eigentlich war mein Leben perfekt. Ich hatte einen gutbezahlten Job als Ärztin in einer Uniklinik, die Anerkennung meines Chefs und meiner Kollegen, tolle Patienten, die mein Leben bereicherten, eine liebevolle Partnerschaft, eine schöne Wohnung und nette Freundschaften. Aber irgendetwas fehlte. Ich wurde zunehmend unzufrieden, suchte das, was ich aber nicht greifen konnte. Zuerst dachte ich, dass ich die Lücke füllen könnte, wenn ich Mutter werde. Mein Körper war aber anderer Meinung und ich wurde nicht schwanger. Ich suchte weiter, stürzte mich in die Arbeit, schrieb Dankbarkeitstagebuch, nahm das wahr, was mein Leben bereicherte. Die leise Unzufriedenheit blieb.

Bis wir dann im Juni 2015 alle zusammen noch einmal Urlaub machten. Als große Familie mit meinen Eltern, meinen Geschwistern, meinem Schwager und meinem Mann. Es ging nach Antibes (Südfrankreich), der Stadt, in der wir in meiner Jugend sehr häufig die Sommerferien verbrachten.
Dort fand ich ihn wieder: meinen uralten Traum.
Plötzlich war mir wieder bewusst, wie sehr ich als Jugendliche diesen Ort geliebt hatte und mir geschworen hatte, irgendwann einmal dort zu leben. Ich hatte wieder die Musik von damals im Ohr: Sun of Jamaica. Dieses Lied hatte ich damals rauf und runter gehört und eine Liedzeile immer mitgesprochen „In that fatefull night, I swore to myself: I'll do everything I can, save up every dime. And one day I`ll return, come back home to you and then I'll stay forever. Forever!" Diese Sätze waren für mich wie ein kindlicher Schwur, an den ich nun wieder erinnert wurde: Ich will zurückkommen. Ich will in dieser Stadt leben, die ich als Kind so sehr geliebt hatte.
Wenn man seine innere Sehnsucht gefunden hat, fällt alles plötzlich an seinen richtigen Platz, Puzzleteile ordnen sich fast wie von allein und der Weg ist klar.

Ich steckte meinen Mann mit meiner Begeisterung an, begann, wieder französisch zu lernen, bildete Rücklagen für die Übergangszeit, plante meine berufliche Entwicklung. Es war eine anstrengende und volle Zeit, aber ich wusste, wo ich hinwollte: Nach Südfrankreich. Dorthin, wo mein Herz auf mich wartet.
Im April 2019 war es dann soweit: es ging los. Überglücklich saß ich im Flieger und beim Landeanflug hatte ich Tränen in den Augen. Wir fanden innerhalb von sechs Wochen eine möblierte Wohnung, die wir mieten konnten, ich gründete im Juli mein Microentreprise und das bisher beste Jahr meines Lebens begann.

Jeden Morgen wenn ich aufwachte und die Möwen lachen hörte, wenn ich das Meer vom Fenster aus glitzern sah, die warme, feuchte Meeresluft einatmete, war ich einfach glücklich.

Und sie lebten glücklich bis ans Ende ihrer Tage?

An dieser Stelle könnte meine Geschichte enden, aber es gibt noch ein neues Kapitel: Mein Mann genoss die Schönheit der Côte d'Azur, aber er fühlte sich immer fremd. Durch die Corona-Pandemie wurde ihm klar: er wollte wieder seinen Hauptwohnsitz in Deutschland haben. Musste ich meinen Traum aufgeben? Mich zwischen Antibes und ihm entscheiden? Ich wollte natürlich weder das eine noch das andere aufgeben. Und so entstand ein neuer Plan. Ein Leben in Deutschland UND in Frankreich. Das Beste aus beiden Ländern vereinen: französische Leichtigkeit und deutsche Zuverlässigkeit, Croissants und Spätzle, Pinien und deutscher Mischwald, Meer und Main, französische und deutsche Bürokratie – ähm... letzteres vielleicht nicht unbedingt.

Und wieder begann, sich alles zu sortieren, Türen zu öffnen und Wege zu zeigen. Wir fanden eine richtig schnuckelige Wohnung an der Côte d'Azur, für die unser Budget reichte.
Mittlerweile sind wir erst einmal wieder in Deutschland und werden dort die Zeit überbrücken, bis sich die Pandemie etwas legt. Dann aber geht es wieder zurück in mein geliebtes Land.
Und wenn ich oder mein Mann Sehnsucht nach Deutschland haben, dann wechseln wir. Hin und her. Heimat in zwei Welten.
Wenn ein Traum zu Ende geht, heißt das, dass er noch nicht ganz zu uns gepasst hat. Suche weiter, bis du das Leben findest, das noch besser dir und deinen Bedürfnissen entspricht.

Wenn du diese Geschichte bis zum Ende gelesen hast, dann gratuliere ich dir zu deinem Durchhaltevermögen (ich zwinkere dir zu). Denn das brauchst du, um deine Träume wahr zu machen.
Hör nicht auf, an deine Träume zu glauben. Nimm dir an mir ein Beispiel, dass es immer Wege gibt, selbst wenn meiner ein anderer war, als ich ursprünglich dachte.
Und: Wenn du erst einmal weißt, was du wirklich willst, dann ergeben alle Dinge plötzlich einen Sinn.
Ich helfe dir gern dabei, herauszufinden, was dein passendes Leben ist und deine Sehnsüchte zu erfüllen. Weil ich es liebe, wenn Träume in Erfüllung gehen.

Die Autorin

Dr. Michaela Muthig ist Psychotherapeutin, Ärztin und Buchautorin. Fast zehn Jahre hatte sie in der Psychosomatik der Uniklinik Tübingen gearbeitet und dort zuletzt als Oberärztin die psychosomatische Tagesklinik geleitet. Bis dann ihr einstiger Jugendtraum dafür sorgte, dass sie noch einmal ganz neu anfing.
Seit 2019 bietet sie Online-Coaching an und hilft ihren Kunden dabei, die Sprache der Seele zu deuten, Selbstsabotage zu erkennen und die eigentlichen Lebensziele herauszufinden. In ihrem Buch „Der kleine Saboteur in uns" beschreibt sie, wie wir unbewusste Widerstände entdecken und auflösen können. Auf ihrer Website findest du viele Impulse, um Selbstsabotage zu beenden und das Leben zu finden, das ganz zu dir passt.

Webseite: www.coaching-azur.de
Facebook: www.facebook.com/derKleineSaboteur

Monika Neuwinger

Das Leben leben

Das Leben leben... in allen Facetten. In diesem Kapitel geht es um Sehnsüchte, Erkenntnisse und die Möglichkeit „sein Leben neu zu erfinden".

Das Leben leben

Motivation

Da es bei mir in der Praxis häufig ums Mut machen geht, habe ich mich spontan zur Teilnahme an diesem Projekt von Sandra entschieden. Vielleicht inspiriert dich ja meine Geschichte oder regt zum Nachdenken an. Das Leben leben... mit all seinen Facetten. Kann anstrengend sein, mühselig, mit Rückschlägen oder Stolpersteinen verbunden – doch ebenso großartig, bereichernd mit vielen schönen Dingen und Erlebnissen.
Während ich diesen Artikel schreibe, befinde ich mich gerade in Griechenland, genauer gesagt in Südkreta. Und kein Ort ist passender für diesen Artikel, den ich ganz spontan schreibe und beisteuere.

Sehnsüchte

Ich erinnere mich noch, wie ich vor ca. 25 Jahren das erste Mal meinen Fuß auf diese Insel setzte. Man sagt häufig zu Kreta: Entweder ist es Liebe auf den ersten Blick und für immer – oder gar nicht. Nun, wen wundert es nach dieser Einleitung ... bei mir war es Ersteres.
Wer jetzt denkt, was denn ein Reisebericht mit dem Thema Mut zu tun haben soll, nun ... es wird kein Reisebericht über Kreta. Es ist nur passend, weil Kreta für viele Menschen auch stellvertretend für Sehnsüchte steht.

Und so habe auch ich mir damals, in meinem alten Leben, jedes Jahr immer lebhafter ausgemalt, wie schön es wäre, für immer dort zu sein. Dort unbeschwert zu arbeiten, zu leben.
Im Beruf war ich nicht gerade glücklich, hatte Mobbing zum ersten Mal kennengelernt und erinnere mich an den Rat meiner Eltern, als sagten sie es erst heute: „Mach mal lieber die Faust in der Tasche, finde dich damit ab, dass das Leben nicht nur eitel Sonnenschein ist.“ Also bin ich in Deutschland geblieben. Habe still, aber nicht immer leise trotzdem weiter geträumt, geplant.

Erkenntnisse

Warum ich letzten Endes nicht nach Kreta ging? Nun... nicht wegen des Rates meiner Eltern. Schon damals waren die Grundstückspreise aus meiner Sicht utopisch. Hinzu kamen viele persönliche Gespräche, die ich auf Kreta geführt hatte.
In diesen Gesprächen wurde mir bewusst, dass hinter der wunderbaren Urlaubsstimmung genauso Schatten ist neben der Sonne wie in Deutschland oder irgendwo anders auf dieser Welt. Wie einsam es in den Wintern ist, wenn nur noch die Einheimischen dort sind. Dass man aufs Auto angewiesen ist, weil der öffentliche Nahverkehr nur noch das Nötigste abdeckt. Dass man – ähnlich wie in jedem anderen Dorf der Welt – immer ‚die Zugereiste‘ – oder wie man in Köln auch sagt, der ‚Immi(grant)‘ – bleibt. Selbst als Grieche vom Festland. Dass man viel mehr für viel weniger Geld arbeiten muss. Und das schon vor der großen Griechenland-Krise.
Kreta ist wunderbar, ja. Und es flossen durchaus immer wieder mal Tränen, wenn es an den Rückflug ging. Aber meine bewusste Entscheidung war gefallen. Versteh' mich nicht falsch – es geht nicht darum, eine reine Vernunft-Entscheidung zu treffen, sondern sich zu überlegen: Was ist es,

was ich wirklich will? Und dazu gehört bei lebensverändernden Entscheidungen auch, verschiedene Blickwinkel zu betrachten. Und dann zu entscheiden: Ok – ich nehme die Konsequenzen in Kauf, höre auf mein Bauchgefühl und tue es. Oder eben andersherum.

In der Verhaltenstherapie würde man ‚Kosten-Nutzen-Analyse' dazu sagen: Alle Punkte auf den Tisch legen. Überlegen, ob ich bereit bin, einen bestimmten Preis zu zahlen. Den Preis, den eine Veränderung mit sich bringt. Oder den Preis, wenn es so bleibt, wie es ist. Und eine bewusste Entscheidung treffen. Aber diese Sichtweise kannte ich damals noch nicht.
Viele Jahre, Erfahrungen und persönliche Veränderungen später war ich mit meinem Mann nach sechs Jahren Pause mal wieder auf Kreta. Es war immer noch das gleiche Gefühl wie damals. Ich wollte gar nicht mehr weg. Aber ich wusste auch: Wir würden immer mal wieder herkommen, unser wirkliches Leben war und ist woanders. Ich werde sicherlich immer wieder nach Kreta reisen. Doch auch woanders hin – es gibt so viele weitere schöne Fleckchen auf dieser Erde. Denn auch das tat ich schon als Kind gern: Reisen.
Für mich hatte ich irgendwann eine Erkenntnis: Meine Heimat ist überall ... überall dort, wo ich mich wohlfühle. Überall auf der Welt kann es sein, solange ich mit mir im Reinen bin. Damit kann ich – muss aber nicht – in die Ferne schweifen, auf eine Gelegenheit warten, die vielleicht niemals kommt. Ich erkannte, dass ich mein Leben auch in Deutschland ‚neu erfinden' kann.

Das Leben „neu erfinden" – und Mut

Schon lange beschäftigte ich mich mit den Zusammenhängen zwischen Körper, Geist und Seele. Seelisches Gleichgewicht und eine innere Balance sind wichtig für unser Wohlbefinden. Ist das nicht vorhanden,

kommt die Seele ins Ungleichgewicht – und reagiert teils auch mit körperlichen Symptomen (z. B. Bluthochdruck, Neurodermitis, Magen-Darm etc). Und so verfolgte ich neben meinem kaufmännischen Job eine Idee: Warum beschäftige ich mich nicht näher damit – und biete dann in dieser Richtung etwas an? Aus- und Weiterbildungen folgten.
Die erforderliche Zeit für mein Lernpensum war keine Belastung – wohl, weil ich es unbedingt wollte, eine Vision mich antrieb und weiter antreibt. Die Zulassungsprüfung zur Heilpraktikerin (Psychotherapie) erforderte Mut. Und es war Mut erforderlich, um kurz danach meine Praxis zu eröffnen. Für mich erfordert es übrigens auch Mut, online sichtbar zu sein.

Inzwischen darf ich seit 2015 mehrere Leben leben...

...in meiner Praxis als Heilpraktikerin für Psychotherapie zeige ich Menschen, insbesondere Frauen, Optionen zum Umgang mit Stress und Veränderungen auf. Meine Philosophie in der Zusammenarbeit: So viel wie nötig, so wenig wie möglich. Gemeinsam hinschauen, woher eine ‚Ent-Täuschung' kommt. Wir erarbeiten den Mechanismus ihres Stresses, ihrer Angst, und ich gebe ihnen Hilfsmittel für den Umgang damit an die Hand, die sie immer wieder selbst anwenden können.
... den kaufmännischen Beruf, der mir wieder Freude bereitet, seitdem ich die Optionen und Wahlmöglichkeit habe.
... mein Privatleben mit vielfältigen Interessen und persönlichen Beziehungen.
Heute werde ich oft gefragt, wie ich das alles hinbekomme. Und ja... manchmal komme ich an meine Grenze. Doch ich erkenne sie rechtzeitig und kann gegensteuern. Denn es geht nicht darum, Stress komplett zu vermeiden. Der Mensch ist dafür geschaffen, sich stetig weiterzuentwickeln. Gesunder Stress macht uns leistungsfähig und kreativ – wichtig ist dabei die Balance von Anspannung und Entspannung. Nur das ‚viel zu

viel Stress', der Dauerstress, ist ungesund. Deswegen kann ich meinen Patienten auch gut vermitteln, dass Stress, Veränderungen und auch damit zusammenhängende Ängste zum Leben dazugehören – und ein anderer, gesunder Umgang damit möglich ist.
Auch meine Familie wundert sich manchmal, woher ich meine positive Energie, meinen unerschütterlichen Optimismus hernehme. Die Erklärung meines Mannes dazu finde ich sehr schön: Monika, du hast alles Positive, das dein Umfeld nicht annehmen konnte, aufgesogen...

Zurückkommend zur Ausgangsfrage „Was bedeutet für dich ein schönes Leben?" würde ich sagen:

Im Hier und Jetzt sein. Das Leben leben. Herausforderungen annehmen, aber mir auch Auszeiten oder sogenannte (M)Ich-Zeiten zum Auftanken und für die Selbstfürsorge nehmen. Sich selbst annehmen und ein positives Umfeld bilden die Grundlage dafür.

Ich möchte hiermit allen Mut machen:

Du hast die Zügel selbst in der Hand. Du allein hast Macht über deine Gedanken und Entscheidungen. Sonst niemand.
Das Leben ist schön mit allen Facetten. Und gäbe es keinen Schatten – wüssten wir die Sonne nicht zu schätzen. Oder anders: Wo Licht ist – ist auch Schatten. Und wo Schatten ist – ist auch Licht.

Die Autorin

Monika Neuwinger, geb. in Köln, Jahrgang 1969, arbeitet als Heilpraktikerin (Psychotherapie) in eigener Praxis in Köln und ist Expertin für Stressbewältigung und Veränderungsprozesse. Zusätzlich zu ihrem Therapie- und Beratungsangebot in der Praxis bietet sie Workshops sowie Onlinekurse an.

Ihre Themen:

- Stress, Stressbewältigung und Burnout-Prophylaxe
- Lebenskrisen und Veränderungsprozesse, Neuorientierung
- damit zusammenhängende Ängste und Selbstwertstärkung
- Entspannung und Achtsamkeit

Therapiemethoden:

- Kognitive Verhaltenstherapie
- Gesprächstherapie
- Human Therapy
- TBT Trauma Buster Technique
- Entspannungsverfahren, u. a. Progressive Muskelentspannung, Klang- und Phantasiereisen, Atemtechniken

Ihre Philosophie in der Zusammenarbeit ist „so viel wie nötig – so wenig wie möglich“. Sie begleitet ihre Patienten und Klienten auf dem Weg zum Experten für sich selbst und ihr bestimmtes Thema. Für emotionale und mentale Gesundheit und damit mehr Lebensqualität.
„Mut machen“ – darum geht es auch häufig in ihrer Praxis. Und so berichtet sie von einem ganz persönlichen Thema – vielleicht inspiriert ihre Geschichte dich oder regt zum Nachdenken an.

Webseite: www.praxis-neuwinger.de
Facebook: www.facebook.com/PraxisNeuwinger

Ben Pandolfi

Was nicht glücklich macht kann weg!

In diesem Kapitel schreibt Ben über die Fragen: Was macht mich glücklich? Was nicht? Fragen und Antworten über Träume, Wendepunkte und was das Leben schön macht.

Was nicht glücklich macht kann weg!

Was war dein Traum, als du noch Kind warst?

Als ich ein Kind war, wollte ich Schriftsteller oder Schauspieler werden. „Der Schreiberling" hat mein Vater immer gesagt. Ich sehe mich noch am Schreibtisch in meinem Kinderzimmer sitzen. Wie ich eine Reihe eines Jugendromans weiterschreibe. Ich war einfach unzufrieden darüber, dass es keine offizielle Fortsetzung gab. Also habe ich sie selbst geschrieben. Gerne würde ich heute in meinen Aufzeichnungen blättern. Ich habe sie weggeworfen, weil ich nicht daran geglaubt habe, dass es vielleicht auch noch andere Menschen gab, die sich auf (m)eine Fortsetzung gefreut hätten.

Learning: Glaube an dich, werfe keine Dinge weg, die du erschaffen hast. Realisiere deine Träume. Es steckt unfassbar viel in dir.

Welchen Weg bist du (stattdessen) gegangen?

Umwege führen ans Ziel. Ich habe erstmal eine kaufmännische Ausbildung gemacht. Betriebswirtschaftslehre studiert. Habe viele Jahre als Führungskraft im Personalbereich gearbeitet. Auch wenn ich mir den einen oder anderen Umweg hätte sparen können, ist es aus meiner Sicht so, dass alles so gut war, wie es war. Denn ich habe immer etwas gelernt. Und schließlich mein Herz für die Entwicklung und Begleitung von Menschen entdeckt. Das macht mich glücklich.

Learning: Sei offen auch für andere Dinge. Lerne und wachse an Herausforderungen. Es gibt so viel, was wir leidenschaftlich machen können, auch wenn das im ersten Moment gar nicht unser Ursprungstraum war.

Gab es Wendepunkte in deinem Leben? Welche? Wie haben sie sich auf dein heutiges Leben ausgewirkt?

Der frühe Tod meiner Eltern ist wohl eine der prägendsten Wendepunkte in meinem Leben. Hier habe ich zum ersten Mal bemerkt, wie endlich alles ist. Wie begrenzt die Zeit ist, die wir auf diesem Planeten haben.
Ich habe gelernt selbstständig zu werden. Habe gelernt, dass angepasst sein, nicht das Ziel sein kann. Dass es wichtig ist, die Einzigartigkeit in unserem Anderssein zu entdecken. In dieser Zeit sind Ressourcen entstanden, die mir heute beispielsweise in der Trauerbegleitung helfen. Mir aber auch immer wieder bei der Priorisierung helfen. Was ist wirklich wichtig im Leben?

Learning: So klischeehaft es auch klingt! Nutze den Tag! Mache was aus deinem Leben. Wann konntest du das letzte Mal voller Überzeugung nach einem Tag sagen: „Das war ein guter Tag, um glücklich zu sein!“

Was ist von deinen Träumen übriggeblieben?

Meine Träume sind lebendiger denn je. Ich möchte ein Buch schreiben, über die Erfahrungen, die ich in meiner Eigenschaft als Coach und Freier Redner mache. Ich nehme aus jedem Gespräch und jeder Verbindung etwas mit. Ich lache unfassbar viel mit meinen Kunden, aber es gibt auch

Momente des Schweigens und der Trauer. Ich nehme so unendlich viele Inspirationen und Impulse mit. Das habe ich begonnen aufzuschreiben. Wer weiß, wann wir diese Erfahrungen in einem Bücherregal stehen sehen?
Na und wenn mir irgendjemand eine Show im Fernsehen anbietet, nehme ich natürlich an. Immerhin habe ich es ja schon mal als Statist in den Tatort geschafft.

Learning: Aus Träumen werden Visionen. Aus Visionen Ziele. Erreiche deine Ziele.

Erfüllst du dir Träume? Wenn ja, wie?

Ich arbeite dafür. Reflektiere mich immer wieder. Gönne mir Pausen. Verbringe Zeit mit meiner Familie und meinen Freunden. Denn ich muss Kraft haben, um meine Träume zu realisieren. Ehrlicherweise ist das jedoch auch immer wieder mein größtes Lernfeld: Ruhepausen und Geduld versus Taktung, Taktung, Taktung.

Learning: Gönne dir Pausen. Fülle deine Krafttanks mit positiver Energie.

Welche Stolpersteine und Hürden stellten sich dir in den Weg? Wie bist du damit umgegangen?

Aufstehen. Krone richten. Weiter geht's. Das ist auch das Learning.
Du willst wissen, wie das geht? Spreche mich an.

Beschreibe dein heute. Dein schönes Leben und warum es für DICH ein schönes Leben ist.

Das ist gar keine einfache Frage. Ich versuche es mal kurz und knackig zu formulieren:

Ich liebe, was ich tue. Ich liebe meine Familie und mein Umfeld. Sorge mittlerweile (das war ein langer Weg) auch in meinem beruflichen Umfeld dafür, dass ich mich mit Menschen umgebe, die meinen Weg und meine Philosophie teilen. Immer mit dem Blick auf die persönliche Beziehung. Die Beziehungsebene. Die Ebene, die so oft in der heutigen Kommunikation vernachlässigt wird und für Konflikte sorgt.

Learning: Lasst uns nicht von einem ungetrübten Bilderbuch-Leben träumen. Zum Leben gehören neben den Höhen auch die Tiefen. Relevant ist der Fokus und wie wir mit der Achterbahn des Lebens umgehen.

Was brauchst du für DEIN schönes Leben?

Ich brauche in erster Linie BEN.
Das hört sich jetzt vielleicht egoistisch an. Doch nur wenn ich weiß, was mir gut tut. Wenn ich weiß, was ich vom Leben brauche, kann ich wirksam sein.
Wirksam sein, heißt für mich in erster Linie altruistisch sein. Menschen begleiten in meiner Kraft. Meiner Energie.

Learning: Achte auf dich! Komm in deine Kraft! Das macht wirksam. Hilfreich für andere Menschen. Die Menschen werden dich lieben, wenn du dich selbst liebst.

Wovon hast du dich verabschiedet? Was hat keinen Platz mehr in deinem Leben?

Was nicht glücklich macht, kann und MUSS weg. Das ist ein kurzer Satz mit so viel Bedeutung.
Egal, ob im Privat- oder Berufsleben. Menschen oder Situationen, die uns nicht guttun, sorgen dafür, dass das Leben schwer wird. Dass wir unsere Träume eben nicht realisieren.

Lassen wir uns nicht kleinhalten.
Zu mir hat mal jemand gesagt: Du hast nicht genügend Erfahrung in diesem Bereich. Ich habe es dennoch gemacht. Heute bin ich erfolgreich. Wir können alles lernen. Außer die Leidenschaft, die haben wir im Herzen oder eben nicht.

Der Autor

BEN spricht. Mit Euch. Für Euch. BEN ist freier Redner & Coach. Er findet in jeder Situation die richtigen Worte. BEN kann zuhören. Er kann auch schweigen. Sich selbst zurücknehmen. Begleiten. Die richtigen Fragen stellen. Geschichten erzählen.

„Die Wege, die ich selbst gegangen bin und meine zahlreichen Erfahrungen mit Menschen, machen mich zu dem, was ich heute bin. Was mich jedoch besonders auszeichnet, sind meine persönlichen Erfahrungen und Begegnungen".

„Sandra Liane Braun ist eine brilliante Coach. Danke, dass ich in diesem Buch dabei sein darf." (Ben Pandolfi)

Webseite: www.ben-spricht.de
Facebook: www.facebook.com/FreierRednerMannheim

Dr. Annette Pitzer

Selbstermächtigung

In diesem Kapitel geht es um deine Selbstermächtigung, innere Würde und Selbstliebe. Was für Geschichten erzählst du dir um diese Aspekte deines Seins nicht zu leben? Was für eine Frage kannst du dir stellen um dich an deine ureigene Aufgabe zu erinnern um selbstmächtig und in Würde zu leben?

Selbstermächtigung – Was will ich wirklich?

Lebst und handelst du aus deiner inneren Würde heraus? Oder anders gesagt aus deiner Macht heraus? Wie steht es um deine Selbstermächtigung und deiner Selbstliebe? Vielleicht verstehst du gerade nur Bahnhof? Oder fühlst du sogar einen Widerstand in dir?
Oft höre ich an dieser Stelle, Selbstermächtigung, das geht ja gar nicht, ich habe Zwänge, die ich nicht ändern kann. Wirklich? Oder spielst du nur eine Rolle auf einer großen Bühne? Welche Geschichten erzählst du dir auf dieser Bühne? Deine Geschichten bauen die Kulissen der Bühne. Ändere deine Fokussierung und schaue von innen nach außen auf deine Geschichten, die du dir erzählst.

Wer bin ich eigentlich wirklich?

Dies ist die erste Frage, die du dir stellen kannst, um dich wieder an deine ureigene Aufgabe zu erinnern und den ersten Schritt hin zur Selbstermächtigung zu tun. Denn diese Aufgabe beinhaltet auch alle deine Talente. Meist bekomme ich an dieser Stelle zu hören, ich habe so gar keine Talente. Wirklich? Zumindest hast du das Talent eines großartigen Bühnengestalters, Schauspielers und Regisseurs. Denn dein Leben gestaltest du genau so, wie es sich gerade zeigt. Harter Stoff, ich weiß. Doch in dieser Metapher verbirgt sich eine große universelle Wahrheit: Du erschaffst deine Realität!

Die Träume der Kindheit

Um deinen Talenten und damit deiner ureigenen Aufgabe näher zu kommen, kannst du eine Reise in die Vergangenheit antreten. Vielleicht erinnerst du dich an deinen allerersten Berufswunsch.
Bei mir war das der Wunsch, Eremit zu werden. Der Gedanke, mir ganz viel Wissen und Weisheit anzueignen, selbstbestimmt zu leben ohne das laute, hektische und oberflächliche Geschehen in der Welt und vor allem denen, die Hilfe suchten mit meiner Weisheit zu dienen, war genau das, was ich wollte. Diesen „Berufswunsch" trieb man mir, wie du dir denken kannst, ganz schnell aus.
Dann wollte ich Nonne werden. In einem stillen Konvent leben und viele Bücher lesen, um Wissen und Weisheit anzusammeln, Kräuterkunde erlernen, ohne das hektische und oberflächliche Geschehen in der Welt um denen, die Hilfe suchten mit meiner Weisheit zu dienen. Das Beten und die Gemeinschaft mit ihren Zwängen, so dachte ich, könne ich schon irgendwie ertragen. Auch dieser „Berufswunsch" wurde belächelt und ausgetrieben.
„Dann eben Heilerin!", dachte ich und auf Umwegen ist es dann letztendlich so gekommen.
Was sagen deine Kindheitsträume über deine Talente und deine Lebensaufgabe aus? Weisen sie dir einen Weg zu deiner Selbstermächtigung?

Umwege und Zwischenstationen

Erst einmal wurde ich Wissenschaftlerin. Ja, ich weiß, wie weit weg das vom ursprünglichen Plan war. Oder doch nicht? Da war ja dieser unbän-

dige Drang Wissen anzusammeln, den habe ich mir so in jedem Fall erfüllt. Doch wer schon in der Forschung gearbeitet hat, der weiß, wie grell, extrovertiert und aggressiv es dort zugeht. Der Preis für meinen Erfolg war hoch, dennoch möchte ich die Erfahrung nicht missen, denn sie führte mich letztendlich zurück auf meinen Pfad.
Nach dieser Erfahrung verließ ich die Naturwissenschaft und arbeitete in der freien Wirtschaft als Partnerin in einem Systemhaus. Auch die IT-Branche ist laut, aggressiv und voll mit männlichem Imponiergehabe.
Letztendlich die Zielgerade. Nach zehn Jahren in der IT-Branche eröffnete ich meine Praxis als Heilpraktikerin für integrative Medizin und Psychotherapie. Aber auch hier behielt ich vorerst den schnellen, effizienten Stil der letzten Jahrzehnte bei. Was dann dazu führte, dass ich den Eremiten in mir schmerzhaft wiederfinden durfte. Das meine ich im wahrsten Sinn des Wortes, denn all die Jahre waren durch extreme körperliche Schmerzen gekennzeichnet.
Heute lebe ich viele meiner Talente. Ich bin nun Eremit (zusammen mit meinem geliebten Mann) und in meiner Schöpferkraft.

Anbindung an die Quelle

Als Kind haben wir noch eine starke Anbindung an die Quelle, daher kennen wir unsere Seelenaufgabe, mit der wir in dieses Leben gegangen sind, noch sehr genau. Dann kommt uns die Erziehung dazwischen. Das Wort ist scheußlich, oder? Schon als Kind konnte ich den Gedanken daran, wie man Pflanzen bindet und beschneidet, um sie in Form zu bringen, kaum ertragen. Genau das gleiche Gefühl löst das Wort Erziehung in mir aus. Es zieht uns aus unserem Seelenplan und verkrüppelt unsere Talente.

Selbstermächtigung – du bist die Antwort

Wenn du das verstanden hast, kannst du es ändern. Was ist dein Talent? Wonach sehnst du dich?
Wenn du das für dich wieder aus all deiner Konditionierung rausgearbeitet hast, dann beschreite den Weg hin zu deinem Lebenssinn und ermächtige dich selbst. Manchmal hat man sich so sehr auf der Bühneninszenierung verirrt, dass man Hilfe dabei braucht, die Kulissen zu verschieben. Scheu dich also nicht, dir Hilfe zu suchen.

Selbstermächtigung – Muß ich alles hinwerfen?

Keine Angst, das musst du natürlich nicht. Aber den Weg beschreiten schon. Eine meiner Patientinnen, sie litt an Schlafstörungen, wollte als Kind Sängerin werden. Als sie mich aufsuchte, arbeitete sie als Chefsekretärin und verdiente sehr gut. Wir brauchten einige Anläufe, um die Sängerin in ihr freizulegen, aber als das geschafft war, schlief sie zum ersten Mal wieder eine Nacht durch.
Das ermutigte sie den nächsten Schritt zu gehen und sie meldete sich in einem Chor an. Danach begann ein neues Leben. Sie durchlief eine Gesangsausbildung und arbeitet heute nebenberuflich als Backgroundsängerin für viele Tonstudios. Ihr Hauptbroterwerb ist zwar immer noch derselbe, aber ihr Leben hat sich grundlegend verändert. Es ist erfüllt, obwohl sie weniger Freizeit hat.
Diese Geschichte einer Selbstermächtigung kann dir Mut machen, auch auf die Suche zu gehen.

Die Autorin

Dr. Annette Pitzer ist Mikrobiologin, Heilpraktikerin, Schamanin, Gesundheitscoach und Bloggerin. Egal ob wissenschaftlich fundiert, Energiemedizin, traditionelle Medizin oder Schamanismus. Sie wandelt zwischen den Welten und bringt dieses Wissen in ihrer Praxis für integrative Medizin und Psychotherapie ein.

Website: www.annette-pitzer.de
Facebook: www.facebook.com/profile.php?id=100011585826246

Monika Poth

Du hast ja ein schönes Leben!

In diesem Kapitel erfährst du, wie ich es geschafft habe, mit Mitte Fünfzig als Hypnosecoach beruflich neu durch zu starten. Dafür habe ich einen sicheren Job im öffentlichen Dienst aufgegeben und habe heute ein schönes Leben mit viel mehr Zufriedenheit, Selbstbestimmtheit und Freude. Ich möchte all diejenigen ermutigen, die noch ungelebte Vorstellungen haben und ihr Leben aktiv gestalten möchten.
Es ist nie zu spät für einen Wandel, selbst jenseits der Wechseljahre.

Du hast ja ein schönes Leben!

Nachdem mich die liebe Sandra zu ihrer Blogparade (die diesem Buch vorausging) eingeladen hat, habe ich meinen Veränderungsprozess der letzten Jahre Revue passieren lassen. Ich habe diese Einladung angenommen, um meine persönliche Geschichte aufzuschreiben. Mir ist es ein großes Anliegen, andere Menschen zu ermutigen, auf ihre Sehnsüchte zu achten und sich für Veränderungen zu öffnen.

Mein schönes Leben, so wie es jetzt ist, war ein Entwicklungsprozess. Manchmal genügt eine Veränderung der Gedanken, manchmal das Aneignen neuer Gewohnheiten und manchmal ist es Zeit, das ganze Leben umzukrempeln. Ich möchte dich ermutigen, auf deine Träume und Sehnsüchte zu hören, für dein schönes Leben.
In meinem Blogartikel erfährst du, wie ich es geschafft habe, mit Mitte fünfzig meiner neuen Berufung zu folgen. Dafür habe ich meinen „sicheren" Job im öffentlichen Dienst gekündigt und neuen Sinn, Freude und Erfüllung gefunden.

Du hast ja ein schönes Leben!

Das höre ich öfter, seitdem ich meinen Bürojob in der öffentlichen Verwaltung gekündigt habe. Seit Juli 2018 bin ich nun hauptberuflich als Hypnosecoach selbstständig tätig. Ja, ein schönes, selbst bestimmtes Leben, das habe ich. Ich bin mir dessen bewusst und ich bin dafür jeden Tag dankbar.

Aber schönes Leben, was heißt das überhaupt?

Dass mein Leben einfach ist? Dass bei mir alles klappt? Glückliche Beziehung und gute Freundschaften? Finanzielle Sicherheit?
Lange, lange, bedeutete es für mich, etwas erreichen und mich selbst verwirklichen zu wollen.
Beruflicher Erfolg, finanzielle Sicherheit und eine harmonische Beziehung, die mir emotionale Sicherheit gibt.

Ich komme aus einer sogenannten „Arbeiterfamilie". Geld war immer knapp, Urlaub habe ich nur einmal, eine Woche in der Nähe vom Bodensee, erlebt. Das war der eine Urlaub mit meinen Eltern. Stattdessen Verwandtenbesuche in der DDR. Getrennte Familien in Ost und West als eine Folge des Krieges.
Geldknappheit, mangelnde familiäre Bindungen, emotionale Unsicherheit, all das kenne ich wohl. Es gab genug Probleme. Und meine Eltern waren froh, dass ich eher ruhig und brav war und nicht anstrengend und problematisch.

Ich lernte, mich gut alleine zu beschäftigen und viele Dinge für mich zu behalten. Ich strengte mich in der Schule an, um einen guten Beruf zu erlernen. Ich wollte raus aus der Geldknappheit, rein in die Fülle des Lebens. Mit zunehmendem Alter wuchs meine Sehnsucht nach einem spannenden Leben, nach dem Sehen und gesehen werden. Ich wollte reisen, unbekannte Orte entdecken und etwas erleben. Ich bekam Fernweh und Abenteuerlust. Und ich verinnerlichte früh:

Wenn ich etwas erleben und erreichen möchte, dann muss ich das selbst in die Hand nehmen.

Von alleine passiert es nicht. Und ich strengte mich weiter an.

Als Kind hatte ich einen untrüglichen Orientierungssinn.
Ich stellte mir alles von oben vor und wusste den Weg. Mein Lehrer fragte mich bei Ausflügen um Rat. Als Sechsjährige zeigte ich Mama und Oma den Weg zurück zur Bushaltestelle. Ich wollte für und mit anderen Ausflüge machen, Natur und Besonderheiten aufzeigen.
Die Natur, die Fantasie, das Kreative waren meins. In mir sprudelte eine unendliche Quelle. An einen Beruf habe ich dabei noch gar nicht gedacht.

Später wollte ich Chemikerin, Psychologin oder Kulturpädagogin werden. Für das Kunststudium war meine Familie nicht wohlhabend genug, so mein Denken. Studiert habe ich dann Architektur an der Kunsthochschule in Berlin. Das Studium war schön kreativ, mir gefiel es, die eigenen Ideen aufs Papier zu bringen. Nur die Realität – das Arbeiten im Architekturbüro, die eher doch seltenen Baustellenbesuche, der Fokus auf das Äußerliche – behagten mir nicht.

So ganz glücklich wurde ich mit diesem Beruf nicht. Ich wollte kreativ arbeiten. Als zu Beginn des Berufslebens Computerprogramme Einzug hielten, erschrak ich, da damit die geliebte Zeichenarbeit per Hand in den Hintergrund rückte.

Das ganze Architektendasein, so empfand ich es, hatte ziemlich viel mit Selbstdarstellung und damit, etwas erreichen zu wollen, zu tun. Und ich bekam da diesen Gedanken in den Kopf: „Architekten haben besonders viel Angst vor dem Tod, denn sie wollen unbedingt bleibende Bauwerke der Nachwelt hinterlassen.“ Ich habe mich nie getraut, mit Berufskollegen einmal darüber zu sprechen, wie sie es mit der eigenen Vergänglichkeit halten. Sollte ich das mal tun?

Mit meinem Beruf als Architektin war ich auf Anerkennung, Selbstverwirklichung und Geld verdienen aus.

Das Letztere klappt in anderen Berufen oft besser. Das Prestige der Architekten ist deutlich höher als die realen Arbeitsbedingungen. Es gab gute und schwierige Zeiten für Architekten. Die Wende brachte mal einen guten Boom, danach flaute es wieder ab. Die berufliche Unsicherheit und die langen Arbeitszeiten in den Büros führten dazu, dass ich mich auf einen sicheren Arbeitsplatz im öffentlichen Dienst bewarb. Und wie es der Zufall wollte, es klappte und ich wurde technische Fachangestellte. Ich beriet Bauherren und Architekten. Mein Highlight waren die vielen Vorträge, die ich hielt.

Doch nie war ich dort, in der Förderbank, ganz zufrieden. Ich störte mich an der verwaltungsmäßigen Arbeit, an der langweiligen Routine, an der Hierarchie, am mangelnden Freiraum – und blieb. Ich blieb lange 19 Jahre!
Das Thema Sicherheit und ein gewisser Glaubenssatz standen mir im Weg.

„Du kannst doch einen so sicheren Arbeitsplatz nicht wieder aufgeben.“

Beides hielt mich bei der Stange. Und natürlich die Angst vor der Unsicherheit und was danach kommt.

So wuchs die Sehnsucht, die Stresssymptome auch. Ich engagierte mich ehrenamtlich und politisch neben der Arbeit. Oft wurde ich gefragt, „Sag mal, wo nimmst du eigentlich all diese Energie her?“ Ja, der Job machte mich nicht glücklich, also mussten andere Aktivitäten herhalten, um meinen Zufriedenheitspegel aufzufüllen.

Ich machte ein Fernstudium in PR und Öffentlichkeitsarbeit, weil ich so gerne als Referentin unterwegs war, gerne Texte und Flyer kreierte. Ich wunderte mich, dass das im Unternehmen nicht gut ankam. Als ich meinen Wunsch nach etwas mehr Gestaltungsspielraum äußerte, hörte ich: „Frau Poth, wir haben diese Arbeit für Sie und sonst nichts.“ Mit guter Mitarbeiterführung und Empathie hatte das in meinen Augen nicht viel gemein.

Ich verstand und machte mich auf die Suche nach Persönlichkeitsentwicklung, neuen Stellenangeboten, Inspiration.

Der entscheidende Impuls zur Veränderung kam von unerwarteter Seite.

Wegen meiner Stresssymptome und meiner Allergien folgte ich dem Rat einer Tanzfreundin und buchte kurzerhand meine erste Sitzung bei einem Hypnotiseur. Ich schaute auf der Internetseite die Telefonnummer nach und vereinbarte sofort einen Termin. Erst später merkte ich, bei welchem weisen Menschen ich da eine Sitzung gebucht hatte.

So kam ich zu meinem Hypnotiseur und Meditationslehrer Peter Kaup, der Heilmethoden aus Tibet und Indien mitgebracht hatte. Der Leitsatz

des Gesundheitszentrums lautet „Du bist, was du denkst!“ Es war der entscheidende Wendepunkt zu meiner neuen Berufung.
Die Hypnose half mir extrem, mein eigenes Inneres wieder wahrzunehmen und in Kontakt mit mir selbst zu kommen. Ich war durch meine Arbeit mit Geld, Zahlen und logischem Denken so verkopft geworden!
Zwei Sätze meines Meditationslehrers trafen mich mitten ins Herz:

„Es ist dein Geburtsrecht, glücklich zu sein.“

und

„Gib dir die Erlaubnis, das zu tun, was du wirklich tun möchtest.“

Mir war in den Jahren zuvor schon klar geworden, dass sich mein Leben nicht so entwickelte, wie ich es mir vorgestellt hatte. Ich war so festgefahren, so wütend, so frustriert. Ich wusste einfach nicht mehr, wie ich mich von dem ungeliebten Job trennen sollte. Und wo sollte ich denn hin?
Es ist nicht die Lösung, nur von etwas wegzurennen. Ich brauchte eine neue Vision, ein neues Ziel!

Die Erfahrung mit Hypnose, Meditation, Heilungsarbeit war lebensverändernd. Folgerichtig machte ich die Ausbildung zum Hypnose- und NLP-Coach und stellte die Weichen komplett neu. Ich machte die Ausbildung neben meinem Vollzeitjob und hielt bei der Arbeit erst einmal alles unter dem Deckel.

Hypnose kann sehr unterschiedliche Reaktionen hervorrufen. Bewunderung, Interesse, aber auch Abwehr und Angst. Ich wollte mir selbst völlig klar sein, ob das mein neuer Weg ist. Ich begann mich nebenberuflich selbstständig zu machen. Vor zweieinhalb Jahren kündigte ich meinen sicheren Job und bin seit Juli 2018 frei.

Ja, die Arbeitsstelle im öffentlichen Dienst war schön sicher. Und gleichzeitig war ich mir ganz klar darüber, dass ich es mir nicht verzeihen würde, wenn ich dort bis zur Rente bleiben würde. Dieses Bild eines Umtrunks in der Kantine, zum Ende des Arbeitslebens, das wollte nicht in meinen Kopf.
Vom öffentlichen Dienst in die Selbstständigkeit mit 57 Jahren. Das war im Unternehmen ein Paukenschlag.

Ich möchte hier nicht verraten, wie viele Menschen mich dazu beglückwünschten.
Viele sagten: "Du machst es richtig! Wenn ich wüsste, was ich tun könnte, dann wäre ich auch schon lange weg hier." Ich war schockiert über so viel Frust und fragte mich, was das für unsere Gesellschaft bedeutet, wenn gefühlt mehr als die Hälfte der Menschen, vor allem aus Angst und Ratlosigkeit, in ungeliebten Arbeitsverhältnissen verbleibt.
Können wir, kann sich unsere Gesellschaft das leisten? Ich meine: Nein. Ich stelle mir selbstbestimmtes Leben und Arbeiten anders vor.

Und was macht es mit den Menschen, wenn sie in ihren ungeliebten Jobs bleiben?

Ich arbeite gerne mit der Stressabbau-Methode The Work. Eine sehr tolle Möglichkeit, seine Gedanken zu überprüfen. Da gibt es eine Frage, die ich auf das Berufsleben abgewandelt habe. Sie lautet:

> *„Wie und was muss ich tun, damit ich am Ende meines Berufslebens so richtig unglücklich darüber bin, mit dem, was ich beruflich getan habe?"*

Diese Frage stellte ich mir. Die Aufzählung, die herauskam, hat genau meinen Job im öffentlichen Dienst abgebildet. Ich fühlte mich wie im goldenen Käfig, wie gekauft. Ich tat das, was andere von mir wollten. Und spätestens mit diesem Erkennen war klar, dass ich den Sprung wagen würde. Alles andere hätte ich guten Herzens nicht mehr tun können.

Ich bin jetzt selbstständig und arbeite in einem wunderschönen modernen Gartenhaus aus Holz, auf dem eigenen Grundstück. Heute begleite ich als Hypnosecoach und Mentaltrainerin Menschen auf inneren und äußeren Wegen zu mehr Ruhe, Klarheit und Freude. Und als Coach auf ihrem Weg zu einem neuen Job oder Beruf. Es macht mir so viel Freude, wenn mir meine Klienten sagen, dass sie ganz ruhig und vertrauensvoll in eine Prüfung gehen konnten. Oder dass der Konflikt mit der Kollegin sich durch das eigene Verhalten aufgelöst hat. Oder sie sich bedanken, dass sie in der Hypnose ihre neue Vision gefunden haben, und wissen, welches Ziel sie jetzt Stück für Stück angehen werden.

Ich liebe es, Orientierung zu bieten, zu ermutigen und zu inspirieren. Ich liebe es, meine Klienten mit zielgerichteten Fragen anzuregen und so Klarheit und Entschlusskraft zu befördern. Ich unterstütze die Klienten dabei, die innere Stimme wieder wahrnehmen, die doch der beste Wegweiser ist. Das macht mich glücklich.

Jeden Tag beglückwünsche ich mich zu meinem mutigen Schritt.

Und oftmals finde ich das gar nicht mutig, sondern einfach nur folgerichtig. Es war ein Prozess, ein Schritt hat sich aus dem nächsten ergeben. Also lass dir Zeit.

Wovon habe ich mich verabschiedet für mein schönes, neues Leben?

Ich habe mich davon verabschiedet, dass Fleiß und Durchhaltevermögen am meisten nützen im Berufsleben. Ich habe entschieden, dass Sicherheit für mich nicht das oberste Gebot in meinem Leben sein soll.
Die Corona-Pandemie hat uns gezeigt, dass es die berühmte Sicherheit nicht gibt. Es ist an der Zeit, die eigenen Werte und Einstellungen zu überprüfen.

Sind meine Einstellungen noch passend für mein Leben und für diese Zeit? Dienen sie mir noch?

Was bedeutet für mich ein schönes Leben?

Authentisch zu sein und mich frei zu fühlen. Dass ich einfach so sein kann, wie ich bin, und mein Leben so großartig und lebendig sein darf, wie ich es mir überhaupt vorstellen kann.
Ich denke immer an meine Lieblingsheldin aus meiner Kindheit, „Pippi Langstrumpf". Und es ist natürlich wunderbar, einen Koffer voller Goldstücke zu haben. Der viel größere Schatz ist dieses Freisein von Angst. Fröhlich, kreativ, verbunden mit anderen, „einfach leben". Und sich nicht kümmern, ob man gegen ungeschriebene Regeln verstößt.

Es ist immer viel mehr erlaubt und viel mehr möglich, als wir denken.
Wir haben uns selbst ins Raster gepresst, erlauben uns oft nicht einmal, auf der Straße zu singen, wenn uns danach ist.

Und was brauche ich für mein authentisches Leben?

Den Mut, etwas Neues zu beginnen, wenn das Alte nicht mehr passt.
Ich bin außerdem der tiefsten Überzeugung, dass jeder Mensch einzigartig und mit seiner ureigenen Aufgabe in dieses Leben gekommen ist.

Schön und erfüllend finde ich es, diese Aufgabe zu finden, zu bejahen und zu leben. Und ich glaube, wenn das möglichst viele Menschen tun, dann wird das auch unserer Gesellschaft und anderen Menschen insgesamt nützen.

Authentisch zu leben bedeutet für mich, dass ich mir bewusst bin, was mich ausmacht. Und dass ich mich so zeigen kann, wie ich bin. Und dass ich für meine Werte einstehe. Dazu gehört, dass ich mich mit all meinen Facetten akzeptiere. Und dass ich das beeinflusse, was ich zu beeinflussen vermag.

Ein authentisches Leben ist für mich schön.

Wer sagt, dass es immer einfach sein muss? Die Anstrengung lässt uns auch in unsere Kraft und in unseren Erfindungsreichtum gelangen. Ein bisschen Anstrengung und Verve gehört für mich dazu.
Auf den Streckenradreisen mit meinem Mann habe ich einen Spruch kreiert:

„Die Anstrengung ist bald vergessen, das Erlebnis bleibt."

Die Anstrengung und die damit verbundenen positiven Erlebnisse auf Radreisen und Streckenwanderungen haben mein Denken und Wahrnehmen beeinflusst. Sie stärken mich für alles in meinem Leben und motivieren mich für die nächsten Herausforderungen. Wenn sich gerade nichts zu bewegen scheint in deinem Leben, kannst du dich immer im Außen bewegen, z. B. wandern oder Rad fahren. Suche dir etwas, wo du deine Kraft spürst.

Es ist mir eine Freude, mit meiner Dienstleistung andere Menschen zu unterstützen, ihren ureigenen Berufs- und Lebensweg zu gehen. So frei, freudig und so authentisch wie möglich. Ich bin dabei die Wegbegleiterin und Vermittlerin. Ich bin so froh, dass ich mir erlaubt habe, das Festhalten an Sicherheit aufzugeben, um meinen individuellen Weg zu gehen. Nach jeder gelungenen Sitzung oder Meditation bin ich wie beflügelt und glücklich.

Und was ist dein Weg?

Stimmt die Richtung noch? Und weißt du, in welche Richtung du weitergehen möchtest?
Ich rufe dir zu: „Wenn seit Jahren ein Unwohlsein vorhanden ist und die Sehnsucht sich immer wieder zeigt, so hat das einen Grund!" Finde es heraus. Das Suchen und Finden lohnen sich.

Alles Gute für dich und deinen Weg.
Monika Poth

Die Autorin

Monika Poth lebt mit ihrem Mann in Winsen bei Hamburg. Nach einem Architekturstudium an der Kunsthochschule in Berlin arbeitete sie zunächst in mehreren Architekturbüros in Berlin und Hamburg, bevor sie fast 19 Jahre als technische Kundenberaterin und Referentin bei der Förderbank Hamburg tätig war. Sie hielt Vorträge für Bauherren und Architekten, beriet über Fördermöglichkeiten und kreierte Fachexkursionen für Mitarbeiter des Unternehmens. Insgesamt fehlten ihr jedoch die persönlich-beruflichen Entwicklungsperspektiven im öffentlichen Dienst. Zunehmende Stresssymptome und nagende Unzufriedenheit führten sie zu dem Hypnotiseur und Meditationslehrer Peter Kaup. Dies war der Beginn für eine große Veränderung in ihrem Leben. Die Erfahrung mit Hypnose, mentalem Training und Meditation war für Monika so überzeugend, dass sie sich selbst zur Hypnotiseurin und Mentaltrainerin ausbilden ließ.

Mit Klarheit und wieder gefundener Energie trennte sie sich mit Mitte Fünfzig von ihrem sicheren Arbeitsplatz im öffentlichen Dienst, um in einem neuen Beruf ein eigenes Business zu starten.

Monika Poth ist Wegbegleiterin und Coach für beruflich-persönliche Entfaltung.
Stresssymptome und Unzufriedenheit mit der eigenen beruflichen Position sind oft miteinander verquickt. Ihr Angebot richtet sich vor allem an beanspruchte Menschen im Beruf, die Stress und negative Gedanken in neue Visionen und Pläne umwandeln möchten. Das Ziel ist mehr Resilienz und konkrete Veränderung. Hypnose, Meditation und mentales Training sind hierbei effektive Mittel, um neuen Mut, Klarheit und Energie zu entwickeln. Die Begleitung erfolgt in Einzelsitzungen über drei bis 12 Monate. Geplant ist für die Zukunft auch ein Online-Programm.

Sie sagt: „Das Schöne ist, dass ich jetzt das tue, was schon immer für mich gedacht war. Ich habe spät zu meiner Berufung gefunden, mit der ich gut alt werden und dabei jung bleiben kann.“ Und: „Es erfüllt mich mit Freude, wenn ich andere Menschen ermutigen kann, auf sich selbst zu hören und ein selbstbestimmtes und zufriedenes Leben zu führen. Wandel ist immer möglich, auch jenseits der Wechseljahre.“

Website: www.wasistdeinweg.de

Nicole Roewekamp

Mein Leben und ich – jetzt eine kraftvolle Symbiose

Nicole erzählt in diesem Kapitel ihre Geschichte, und dass das Leben eine individuelle Reise ist. Es ist nie zu spät, etwas Neues zu wagen. Jeder hat „seine“ Geschichte, die keine Norm erfüllen sollte – außer der, größtmöglich dankbar, glücklich und zufrieden zu sein.

Mein Leben und ich – jetzt eine kraftvolle Symbiose

Mein Leben und ich – jetzt sind wir eine kraftvolle Symbiose, aber längst und lange hoffentlich noch nicht am Ende. Ich könnte es auch mit einem Auszug aus einem Liedtext von Marius Müller-Westernhagen sagen: Das Wasser war tief und ich fand mich doch. Okay, er sagt „dich“. Aber nennen wir es künstlerische Freiheit.

Mein Leben und ich – meine Träume als Kind

Eines vorweg: Ich wollte nie so richtig Prinzessin sein, war gerne Mädchen, aber immer ohne Chichi. Nagellack war und ist mir bis heute fremd. Kreativ war ich immer schon, empathisch und fröhlich auch. Ich mag und mochte es schön und gemütlich. Mein Glas ist seit meiner Geburt, glaube ich, halb voll.
Sehr früh war klar, dass ich sechs Kinder wollte. Damit war auch klar, dass ich eine Familie wollte. Mit einem dazugehörigen Mann.
Eine gute Ausbildung zu machen, war mir wichtig – ich wollte Journalistin werden und studieren gehen. Bildung, das habe ich früh begriffen, ist ein guter Schlüssel zum persönlichen Glück. Bis heute liebe ich Menschen, die wirklich etwas zu erzählen haben.

Und am Meer leben – das ist immer noch ein Traum von mir. Das war es schon, seit ich Kind bin. Meer ist für mich mehr.
Das Abitur stand vor der Tür, ich war also drauf und dran, meine Zukunft zu planen. Allerdings hatte ich die Journalismusrechnung ohne meinen, für damalige Zeiten sehr alten Vater, gemacht. Ein Studium? Doch nicht, wenn man sechs Kinder möchte. Damals widersprach man nicht.
Somit musste eine Alternative her.

Mein Leben und ich mussten neu planen – stattdessen wurde ich...

Ich habe dann meine zweite Leidenschaft, das Reisen zum Beruf gemacht und wurde Reiseverkehrskauffrau. Das hat mir einen Riesenspaß gemacht und ich hatte in der Alternative dann auch meine Berufung gefunden. Das Schreiben wollen blieb aber immer ein großer Traum von mir. Ich wusste auch, dass ich Menschen mit meinen Worten abholen konnte.
Bis zu diesem Zeitpunkt waren einige nicht ganz leichte Dinge in meinem Leben passiert, die mich das Leben schon in jungen Jahren neu denken ließen, und Dankbarkeit bekam schon früh einen großen Platz. Weiter möchte ich das an dieser Stelle nicht ausführen. Nur so viel: Es hatte mit mehreren Verlusten zu tun.
Da ich immer schon neugierig und wissbegierig war, habe ich bis zur Geburt unseres ersten Kindes alles an Fortbildung mitgenommen, was mir dieser Beruf bot: Ich wurde Ausbilderin (ich habe es geliebt), habe Mitarbeitertrainings gemacht, die Webseite und die Facebook Seite betreut.

Ich wollte Mutter sein – mit Haut und Haar

Ich weiß, es mutet heute komisch an zuzugeben, dass für mich immer klar war, dass ich Vollzeitmutter sein wollte. Das war bei allem beruflichem Ehrgeiz mein Traum. Da mein Mann auch einen sehr zeitfüllenden Job hat und wir wenig bis keine Betreuungsmöglichkeiten in der Familie hatten, habe ich mit diesem Wunsch offene Türen eingetreten. Mein Leben und ich sind also erneut abgebogen.
Als unser erster Sohn unterwegs war, wollte ich also meinen Job an den Nagel hängen, und zwar voller Inbrunst. Manchmal passieren dann aber Dinge, die auch reizvoll sein können. Mein damaliger Chef bot mir an, samstags weiter zu arbeiten. Das war für mich toll: Ich blieb im Job, das Kind war väterlicherseits bestens versorgt.
Um es vorwegzunehmen: Ich habe 'nur' die halbe Kinderwunschzahl geschafft. Heute ist das super für mich und diese Samstagstätigkeit habe ich bis vor einem Jahr mit weiteren zeitlichen Ergänzungen gerne, mit Enthusiasmus und vollem Herzen ausgeführt.
Genauso, wie ich immer mit ganzem Herzen bei den Kindern war. Ich habe es geliebt und würde es genauso wieder machen wollen. Ich habe mich nicht gelangweilt, ich habe mich nicht unterfordert oder minderwertig gefühlt. Gefehlt hat mir nichts. Außer vielleicht immer noch das Schreiben und das eine oder andere Mal Zeit für mich. Aber kommt Zeit kommt Lösung.

Wendepunkte – mein Leben und ich neu gedacht

Vieles, was ich gemacht habe, was ich erlebt habe, waren meine Gedanken und Wünsche. Dennoch bin ich in einer Zeit aufgewachsen, wo das Denken, die Meinungen und die Eindrücke anderer Menschen großes Gewicht hatten. Ich weiß, dass es einigen von euch auch so gegangen ist.

Natürlich war das Leben somit auch eine Spur angepasst. Auch zu angepasst. Weshalb wir bei unseren Kindern das Augenmerk darauf legen, dass sie ihre (realisierbaren) Berufswünsche leben dürfen.
Verluste spielten oft eine große Rolle, wenn Wendepunkte in mein Leben traten. Das gilt für endgültige Verluste wie auch den Verlust von Freundschaften. Oder Idealen.
Aber sie gehören zu dieser Reise und bei mir sind daraus auch viele tolle neue Sachen entstanden. Vor allem bin ich mir immer näher gekommen.
Aus einer dieser Wendungen ist der Wunsch entstanden, einen Blog zu erschaffen. Ich wollte schreiben, ich wollte kreativ sein. Ich wollte etwas Eigenes machen und damit arbeiten. Getraut habe ich mich aus vielen Gründen lange nicht. Eine meiner Glaubenssätze: Bin ich gut genug? hat dabei keine unerhebliche Rolle gespielt.
Dann passierten mehrere Dinge auf einmal und ich habe nach langer emotionaler Achterbahnfahrt beschlossen, meinen Job zu kündigen. Ich habe Herzblut zurückgelassen, aber aufgrund von Veränderungen dort auch eine große Leichtigkeit verspürt.
Habe ich es bereut? Nein, nicht eine Sekunde. Dann habe ich mich an den Blog gemacht. Was soll ich sagen? Ich liebe es. Und ich wünsche mir, dass dieses Baby wächst, gelesen und geliebt wird.

Träume – mein Leben und ich haben sie zum Leben erweckt

Mein Leben und ich haben also in diesem Jahr noch mal richtig Fahrt aufgenommen. Wir sind umgezogen in eine andere Stadt, der Blog ist geboren, ich habe nur noch die Freundschaften, die mir guttun.
Ich kann also sagen, dass ich doch meine Träume zum Leben erweckt habe. Und ich freue mich, wenn es an dieser Stelle weitergeht. Es hat sich gelohnt, über den Tellerrand zu schauen, etwas Neues zu wagen.

Es gab hier und da Stolpersteine. Falsche Erwartungen, falsche Freundschaften, die im Nachhinein aber wichtig waren.
Oft musste ich mich und mein Leben erklären, obwohl ich selber nie die Art zu leben anderer infrage stelle.
Mein Leben und ich sind uns jetzt also sehr nah. Klar kannst du im Nachhinein immer sagen, dass etwas hätte schneller gehen können oder anders sein sollen. Aber für mich ist es der Weg – und den gehe ich jetzt richtig gern und sehr bewusst.
Ich bin angekommen, aber noch nicht am Ende. Mein Leben hat mir gezeigt und mich gelehrt, was gut für mich ist. Und was eben nicht.

Von was haben mein Leben und ich uns verabschiedet?

Natürlich begegnen dir immer wieder Ereignisse, auf die du keinen Einfluss hast, die du aber für dich beeinflussen kannst. Ich habe mich von Menschen und Faktoren verabschiedet, die mir schlicht nicht guttun. Die mich auslaugen oder mir Stress bereiten. Klar, möchten wir alle gefallen, aber ich habe begriffen, dass das nicht geht. Deshalb habe ich jetzt nur noch die Menschen in meinem Leben, die ich dort haben möchte. Ich weiß, auch weil ich auf meine Intuition schon lange ziemlich genau höre, was gut für mich ist. Und was nicht. Darauf höre ich viel deutlicher.

Was ist wichtig für mein schönes Leben?

Ich finde mein Leben schön. Ich fand es immer schön und immer schöner. Weil ich dankbar bin. Für das, was ist. Auch für das, was war. Denn es gehört zu mir. Im Prinzip selbst für die nicht so schönen Dinge, die passiert sind. Denn sie haben mir aufgezeigt, wer oder was ich bin. Was ich wirklich brauche.
Deshalb sind folgende Dinge für mich wichtig:

- Dass ich in mich hineinhorche und auch meiner Intuition folge.

- Dass Reden und Gefühle aussprechen hilft – immer.
- Dass ich weiß, dass ich für mein glücklich sein verantwortlich bin.
- Dass nur ich mein Leben lebe, niemand anderes und es nur das eine gibt.
- Dass ich Dinge aktiv ändern kann.
- Dass ich dankbar bin.
- Dass meine Wünsche meine Wünsche sind und ich sie artikulieren und verwirklichen kann.
- Das Wichtigste ist jedoch: Ich bin gut so wie ich bin.

Ich führe hier bewusst nichts Materielles an, denn ich vertrete die Einstellung, dass du mit innerem Glück und Dankbarkeit im Außen viel erreichst.

Mein Leben und ich – so darf es bleiben

Es ist ein schönes Gefühl, wenn du das Ziel deiner Reise kennst und auch wenn das Wasser manchmal tief war: Ich habe mich dabei gefunden. Und das ist ein verdammt schönes und dankbares Leben.

Die Autorin

Nicole Roewekamp ist in diesem Jahr 50 Jahre alt geworden und hat, nicht nur aus diesem Grund, ein bisschen Finetuning in ihrem Leben vorgenommen. Sie ist in eine neue Stadt gezogen, hat nach dreißig Jahren ihren geliebten Job gekündigt und einen Blog gestartet, was schon lange ein Traum von ihr war. Nicoles Blog „Life with a glow“, der 2020 aus der Taufe gehoben wurde ist ein Potpourri des Lebens für die moderne, fröhliche und lebensfrohe Frau ü40 und ü50, die mitten im Leben steht. Dieser Blog soll zeigen, dass Freude und Spaß auch in diesem Abschnitt des Lebens nicht abreißen oder zu kurz kommen sollten.

Webseite: www.lifewithaglow.de
Facebook: www.facebook.com/Life-with-a-glow-106828571211010

Christina Scarico

Was will ich wirklich im Leben?

In diesem Kapitel geht es über den Mut seinem Herzen zu folgen. Dankbarkeit und kleine Auszeiten vom Alltag sind dabei wertvolle Begleiter, um seine Intuition aufzuspüren und zu finden, was wirklich wichtig im Leben ist. Herzhüpfmomente können ein guter Kompass für ein Leben voller Leichtigkeit, Genuss und Lebensfreude sein.

Was will ich wirklich im Leben?

Bin ich der Mensch geworden, der ich werden wollte? Was ist aus meinen Träumen geworden? Was will ich wirklich im Leben? Das sind Fragen, die ich mir bisher nicht so oft gestellt habe. Die aber, wie ich finde, wichtig sind um seinen Weg immer wieder zu überdenken und eventuell die Richtung zu korrigieren.

Oft verlieren wir unsere Träume aus den Augen, funktionieren nur noch im Alltag, hetzen von einem Termin zum nächsten und fragen uns: War das jetzt alles? Wo bleibe ich dabei? Wir leben nur von Wochenende zu Wochenende und von Urlaub zu Urlaub und wissen nicht, wie wir dieses Hamsterrad, in dem wir uns befinden, verlassen können.

Was war mein Traum, als ich noch Kind war? Was war mein Berufswunsch?

Ich bewundere Menschen, die von klein auf wussten, welchen Beruf sie einmal ausüben wollten. Sie hatten ein klares Ziel vor Augen. Bei mir war das nicht so. Ich hatte viele Träume. Mal wollte ich Hotelfachfrau werden, dann Grafikdesign studieren und die Tourismusbranche hat mich auch immer wieder fasziniert. Ein großer Traum von mir war Germanistik zu studieren, aber ich hatte kein Selbstvertrauen. Ich liebe Sprache und bin fasziniert, wie reich unser Wortschatz ist. Es macht mir Freude, mich auszudrücken und mit Sprache Bilder zu malen und Herzen zu berühren. Doch leider hieß es damals, das ist brotlose Kunst und Lehrerin wollte ich nicht werden. Dann war ich Feuer und Flamme für Soziale Arbeit und saß sogar in Freiburg als Gast im Hörsaal bei einer Vorlesung. Ich hätte umziehen müssen, aber wollte dann meiner Mutter nicht auf der Tasche liegen, da diese krank war und mein Vater früh verstorben ist. Es wäre bestimmt irgendwie gegangen, aber ich entschied mich dagegen. Im Nachhinein betrachtet, war es eine Fügung!

Welchen Weg bin ich stattdessen gegangen?

Ich machte schließlich ein Soziales Jahr im Kindergarten und merkte dabei, dass ich mich zu diesem Zeitpunkt schlecht abgrenzen konnte und die Sorgen und Nöte der Kinder mit nach Hause nahm. Deshalb ließ ich mich zur Bankkauffrau ausbilden. Mit Zahlen konnte ich umgehen und Sorgen und Nöte gab es da zwar auch, aber weniger Probleme, die ich nach Hause mitnahm. Nach der Ausbildung habe ich noch zwei Jahre in der Bank verbracht. Ich habe festgestellt, dass auch dies nicht der richtige Weg für mich war. Ich habe ein Jahr in verschiedenen Branchen gejobbt und bin dann durch Zufall bei meinem jetzigen Arbeitgeber gelandet. Eine Freundin meiner Schwester hatte sich dort beworben und es waren noch weitere Stellen ausgeschrieben. Also habe ich mein Glück versucht und wurde direkt eingestellt.

Gab es Wendepunkte in meinem Leben und wie haben sie sich auf mein heutiges Leben ausgewirkt?

Mein Wendepunkt war tatsächlich die Anstellung bei meinem jetzigen Arbeitgeber. Es passierte ganz viel in diesen ersten zwei Jahren der Einstellung. Ich habe mich damals von meinem Partner getrennt, hatte ein Abendstudium zur Betriebswirtin begonnen und dieses auch beendet. Mein Herz fand wieder zurück zu meiner Jungendliebe und wir heirateten innerhalb kürzester Zeit. Nach jeder der drei Elternzeiten, bin ich wieder zu meinem jetzigen Arbeitgeber – einem Energieversorger – zurückgekehrt. Ich konnte innerhalb der Firma meine Kreativität in vielen Bereichen ausleben. Ich leitete ein Team, habe Schulungen koordiniert und selber Gruppen trainiert. Es hat sich immer wieder etwas Neues aufgetan und ich war mutig genug, die Schritte zu wagen und zu gehen. Momentan arbeite ich halbtags als "Möglichmacherin" im Abrechnungsbereich.

Nebenbei habe ich noch ein Fernstudium zur Fachberaterin der holistischen Gesundheit erfolgreich absolviert. Es gab so viele verschiedene Stationen und Weggabelungen auf meinem bisherigen Weg. Sie waren alle auf ihre Weise prägend und ich möchte diese Erfahrungen nicht missen, denn sonst wäre ich heute nicht der Mensch, der ich bin. Ich kann mich zum Beispiel sehr schnell in neue Themen einarbeiten, ich habe mittlerweile vor Veränderung keine Angst mehr. Jede dieser Stationen hat mich wachsen lassen und ich habe ein immer besseres Gespür – für mich und was mich glücklich macht – bekommen.

Ich bin zwar noch lange nicht am Ende, aber ich habe mittlerweile auch einen Traum für mich gefunden, der mich erfüllt. Im Nachhinein verbindet sich gerade alles und die verschiedenen Stationen machen Sinn. Das hätte ich damals nie geglaubt. Ich habe mich mit meiner Scannerpersönlichkeit (das sind Menschen, die vielfältige Begabungen haben) ausgesöhnt. Es gibt nicht nur einen Weg für mich. Es gibt unendlich viele Möglichkeiten und diese ergreife ich mittlerweile.

Was ist nun aus meinen Träumen geworden?

Über Instagram habe ich vor einem Jahr mit einer Challenge begonnen: 52 Wochen Dankbarkeit. Es gab jede Woche eine Frage zum Thema Dankbarkeit, mit der ich mich frei auseinandersetzen konnten. Der Kreativität waren keine Grenzen gesetzt und somit mein Interesse geweckt. Die Dankbarkeit- und Achtsamkeitspraxis hat mich schon länger in meinem Leben begleitet und somit entwickelte sich die Challenge für mich zu einem wundervollen Ritual, bei dem ich immer tiefer und tiefer tauchte. Ich habe viele Schätze und Juwelen in mir entdeckt, ein Schatz davon war das Schreiben. Ich dachte immer, dass ich nicht gut genug dafür bin. Ein Glaubenssatz, den ich gerade sehr liebevoll ablege. Denn wer bestimmt darüber, was gut genug ist? Doch das ist ein anderes Thema.
Bei der Challenge habe ich gemerkt, dass meine Beiträge Herzen berühren können und ich habe so viel Freude beim Schreiben empfunden, dass ich gleich an der nächsten Challenge teilgenommen habe. Und plötzlich passierten magische Dinge, die mir so viel Energie und Selbstvertrauen gaben, dass ich sofort in die Umsetzung gegangen bin und meinen eigenen Blog innerhalb kürzester Zeit auf die Beine gestellt habe. Ich habe tatsächlich meine Angst an die Hand genommen, habe die Leinen gelöst und freue mich nun meinen eigenen Blog zu haben und dort meine Erfahrungen, meine Entdeckungen und meine Lebensfreude mit meinen Lesern zu teilen.
Auch meine Vision habe ich letztendlich gefunden. Irgendwann möchte ich ein kleines Café mit angegliedertem Künstleratelier, vielen Workshops und Büchern eröffnen, in dem das Glück zu Gast ist und jeder sich

eine Portion von diesem Glück mit nach Hause nehmen kann. Das Leben kann leicht und voller Freude sein, auch wenn es Lernaufgaben und Rückschläge für uns gibt. Jeder Mensch kann leuchten und in seinen ganz eigenen Farben schillern und es ist gar nicht so schwer, in sich diesen Schatz zu entdecken.

Erfülle ich mir mittlerweile Träume?

Es hat lange gedauert, bis ich mir selber so viel wert war, eigene Träume zu erfüllen. Oft konnte ich gar nicht unterscheiden, was die Träume der anderen waren und was meine. Hier hat mir meine ganz eigene Dankbarkeits- und Achtsamkeitspraxis geholfen. Durch Meditationen, Selbstergründung, Reflexionen, Zeit für mich nehmen, in die Natur gehen, viele Bücher, Podcasts und Artikel über Persönlichkeitsentwicklung lesen und hören, gesunde Grenzen setzen und gute Gespräche mit Freundinnen, bin ich mir immer nähergekommen. Und mein Weg ist noch nicht zu Ende.
Ich kann mir mittlerweile Träume erfüllen, ohne ein schlechtes Gewissen zu haben. Es ist so wichtig auf unsere innere Stimme zu hören. Manchmal ist sie einfach ein wenig zu leise. Dann ziehe ich mich zurück, nehme mir die nötige Auszeit, zum Beispiel bei einer Tasse Kaffee oder Tee, und höre in mich hinein. Mich auf meinen Atem zu konzentrieren, hilft mir dabei sehr.

Was brauche ich nun für mein schönes Leben?

Ich habe gemerkt, dass es eigentlich gar nicht so viele (materiellen) Dinge sind, die ich benötige, um zufrieden und glücklich zu sein. Wichtig sind mir: Zeit für mich zu haben, ein gutes Buch, einen Rückzugsort zu haben. Gute Freunde, die Familie, ein nährendes und genussvolles Essen, Zeit in der Natur, Mut, um meinen Weg zu gehen und mir und meiner Intuition zu vertrauen. Ich glaube fest daran, dass Glück eine Entscheidung ist und möchte mit meinen Blogbeiträgen Menschen dazu inspirieren, ihren ganz eigenen Weg zum Glück zu suchen und schlussendlich zu finden.

Achtsamkeit und Dankbarkeit sind ein treuer Begleiter auf meinem Weg, kleine Auszeiten und Glücksmomente im Alltag füllen mich wieder neu mit Energie. Meine Schüchternheit und Hochsensibilität sehe ich mittlerweile als Gabe an und freue mich darüber, so viele Genussmomente im Leben erfahren zu dürfen. Mir ist auch sehr wichtig, die Menschen an ihre Einzigartigkeit zu erinnern und das Leben als Geschenk zu sehen.

„Freude ist überall. Es gilt nur, sie zu entdecken."

Diese wahren Worte sagte schon Konfuzius.

Von was habe ich mich verabschiedet? Was hat keinen Platz mehr in meinem Leben?

Ich habe mich von Menschen verabschiedet, die mir nicht guttun und mich auslaugen. Immer mehr versuche ich mich von meinem Perfektionismus und zu hohen Erwartungen an mich selbst zu trennen, da diese mir oft einfach nur im Weg stehen. Die Selbstzweifel überfallen mich hin und wieder, aber das ist okay, sie lassen mich meinen Lebenskompass überprüfen. Manchmal helfen sie ihn neu zu justieren, manchmal kann ich sie einfach loslassen und an manchen Tagen scheinen sie mich völlig lahm zu legen. Aber das gehört alles zum Leben dazu. Jeden Tag bekommen wir eine weiße Leinwand geschenkt, die wir neu bemalen können. Mal gelingt es uns besser, mal schlechter.

Und was will ich nun wirklich in meinem Leben?

Da muss ich nicht mehr lange überlegen: Ich möchte meinen Weg mit Liebe und Freude gehen, auf mein Herz hören und meinen Körper, meinen Geist und meine Seele in Einklang bringen. Mich nicht mehr selbst verurteilen, sondern die Einzigartigkeit in mir sehen und auch leben. Das Leben mit all seinen Facetten genießen und letztendlich zu der werden, die ich bereits bin. Über diese Reise schreibe ich auf meinem Blog.

Die Autorin

Christina Scarico, Jahrgang 1974, lebt in der Nähe von Karlsruhe. Sie möchte dich dazu inspirieren, deine Glückssuche selbst in die Hand zu nehmen und dich wichtig zu nehmen.

Mit drei Kindern im Haus, dem Herzmann an ihrer Seite und einem Halbtagsjob wird ihr nie langweilig. Wenn sie nicht gerade liest, dann ist sie kreativ, liebt es zu kochen und zu backen und schwelgt mit Pinseln, Stricknadeln oder Stiften in Farben und Formen. Beim Schreiben kann sie ihre Gedanken sortieren und sich erden. Die Natur schenkt ihr immer wieder wertvolle Momente, die sie aufatmen lassen. Sie liebt Bewegung und hat für sich Pilates und Yoga entdeckt.

Es gab Zeiten, da war sie so in ihrem Hamsterrad gefangen, dass sie kaum noch Energie hatte und einfach nur müde und ausgelaugt war. Der Tiefpunkt war eine Schilddrüsenerkrankung, die sie erstmal völlig aus der Bahn warf. Im Nachhinein betrachtet, so sagt sie: „Das Beste, was mir passieren konnte". Denn nun hieß es, sich um sich selbst zu kümmern. Ihre Zusatzausbildung zur Fachkompetenz für Holistische Gesundheit hat sie zusätzlich darin bestärkt, dass allein eine ganzheitlich betrachtete Gesundheitsberatung, die nicht nur den Körper und die Ernährung betrachtet, sondern auch Geist und Seele mit einbezieht, zu nachhaltigen Erfolgen führt. Dazu gehört Stressmanagement genauso, wie das Essen mit Genuss und tägliche Bewegung. Eine Balance für Körper, Seele und Geist herzustellen ist ihr persönliches Ziel.

In Christinas Blog findest du einen bunten Blumenstrauß aus Texten, Ritualen, DIY, Rezepten und Inspirationen rund um die Themen Selfcare und Genuss, die in dein Leben Leichtigkeit und Lebensfreude zaubern sollen. Sie teilt ihre Tools, die sie auf ihrem bisherigen Lebensweg entdecken und testen durfte. Das Leben darf leicht sein und dein Kompass sind die Momente, in denen dein Herz hüpft.

Webseite: www.meinpusteblumengarten.de
Facebook: www.facebook.com/christina.scarico

Elke Schwan-Köhr

Das Gute ist überall

In diesem Kapitel geht es darum, dass es doch immer auch eine Frage der Perspektive ist, ob etwas gut oder schlecht ist, dass ein schönes Leben eine Frage der Einstellung sein kann und dass Optimismus doch eigentlich viel besser ist, als den Kopf in den Sand zu stecken, weil etwas nicht so läuft, wie man es sich vorgestellt hat. Schließlich ist nichts so schlecht, dass es nicht auch für etwas gut wäre!

Das Gute ist überall

Was will ich wirklich? – Mein schönes Leben.
Eine Frage, die sicherlich jeden einmal (oder wahrscheinlich häufiger) umtreibt: Was will ich wirklich im Leben? Mich beschäftigt sie in diesem verrückten Jahr 2020 auch immer wieder – ob das an der Corona-Pandemie liegt oder daran, dass ich einen runden Geburtstag hatte oder ob das einfach Zufall ist, ich kann es nicht sagen. Bei all diesen manchmal achterbahnfahrenden Gedanken ist es mir aber wichtig, immer wieder zu meinem Optimismus zurückzufinden.
Dabei hilft auch, meine Gedanken einfach mal zu Papier zu bringen. Denn Schreiben hilft mir dabei, meine Gedanken zu sortieren und dabei eben auch die positiven Dinge besser herauszufiltern, die sonst schnell mal untergehen. Übrigens auch etwas, was ich dir gerne mitgeben möchte: Schreiben kann sehr befreiend sein, probier's mal aus!

Das Gute im Schlechten

Im Moment bin ich im Großen und Ganzen recht zufrieden mit meiner Situation. Die Corona-Pandemie hat ein wenig Ruhe reingebracht, ich hatte weniger Freizeitstress, weniger Verpflichtungen und dafür etwas mehr Ruhe und Zeit für mich. Das weiß ich sehr zu schätzen. So sehr, dass ich mir sogar überlegt habe, die eine oder andere Verpflichtung an den Nagel zu hängen. Ob ich das wirklich mache, weiß ich noch nicht, im Moment genieße ich es einfach, dass ich mich zurückziehen kann, wenn mir danach ist, ohne dafür Termine absagen zu müssen oder jemanden zu enttäuschen. Als introvertierter Mensch ist mir diese Ruhe nämlich sehr wichtig. Und so kann ich in dieser Pandemie-Zeit durchaus auch das Gute im Schlechten sehen.

Auch sonst könnte es zur Zeit schlechter laufen. Gesundheitlich geht's mir und meiner Familie weitgehend gut. Beruflich habe ich zwar die Auswirkungen der Pandemie auch ein wenig zu spüren bekommen, aber nicht so stark, dass ich in ernsthaften Schwierigkeiten wäre. Jetzt läuft es wieder an und ich muss sehr fokussiert arbeiten, um nicht in Stress zu geraten. Das habe ich aber im Laufe der Jahre gelernt, von daher – alles bestens. Es gibt eigentlich nur zwei Dinge, die in diesem seltsamen Jahr weniger toll waren: Das ausgefallene Open Air-Konzert mit einer Deutschlandpremiere mit dem anwesenden Komponisten und der Urlaub, der mir fehlt. Wir waren zwar ein paar Tage in Hamburg, was ganz toll war, aber eigentlich hatte ich für dieses Jahr ein paar Tage Schottland auf dem Plan. Nun ja, aufgeschoben ist nicht aufgehoben. Fehlen tut's mir trotzdem ein wenig. Ich freue mich aber auf ein paar ruhige Tage zuhause im Oktober.

Ein langweiliges Leben?

Eigentlich ist es grade fast schon langweilig. Und was soll ich sagen? Ich mag es grade auch genau so. Unaufgeregt, ohne größere Katastrophen, weitgehend harmonisch. Hey, was will man eigentlich mehr? Ich habe einen wundervollen Mann, zwei süße Katzen, die mir tagtäglich Freude bereiten und Leben in die Bude bringen, einen Vater, der mit seinen 76

Jahren noch erstaunlich fit ist (so lange er meckert, ist alles gut), ein Dach über dem Kopf und immer einen gefüllten Kühlschrank. Damit geht es mir besser als der Mehrheit der Menschen. Und ich bin dafür verdammt dankbar. Wenn ich ehrlich bin, ist es auch überhaupt nicht langweilig, denn ich finde immer etwas zu tun. Ich hab einfach zu viele Interessen, als dass es mir jemals langweilig würde.

Alles eine Frage der Perspektive

Der Sommer hat sich zumindest kurz von seiner besten Seite gezeigt – ja, ich mag es warm, ich bin ein Sommermensch! Meine neuen Nachbarn hören mit offenem Fenster lateinamerikanische Musik und ich sitze im Takt wippend bei einer Tasse Kaffee auf dem Balkon oder tanze die Hüften schwingend durch die Küche. Und vielleicht bekommen wir im Winter ja auch mal wieder mehr als ein paar Schneeflocken. Wenn nicht, fällt schon das Schnee schippen weg. Du merkst, ich bin eine hoffnungslose Optimistin. Aber ich glaube, dass auch genau das mein Schlüssel zum Glück ist: Ich bin in der Lage, auch mal die Perspektive zu wechseln und Situationen von der anderen Seite zu betrachten. Das heißt, wenn etwas nicht so toll ist – der fehlende Schnee – dann schau ich einfach von der anderen Seite drauf und stelle fest: Hey, dafür hab ich weniger Arbeit, weil der Schnee auch nicht geräumt werden muss, wenn er gar nicht da ist. Denn alles, wirklich alles hat zwei Seiten.

Das habe ich ganz besonders zu spüren bekommen, als 2011 meine Mutter krank wurde. Das war die wahrscheinlich härteste Zeit in meinem Leben. Wir waren gerade dabei, unsere Hochzeit zu planen, der Termin stand, die Location war gebucht, das Kleid gekauft. Und dann die Hiobsbotschaft: Die Chemo schlägt nicht mehr an. Meine Mutter kam auf die Palliativ-Station, und mir war sofort klar, was das bedeutete. Sieben Wochen vor unserer Hochzeit starb sie. Und obwohl ich mich natürlich im Vorfeld damit befasst hatte und wusste, dass dieser Tag kommen würde, war es ein Schlag ins Gesicht. So schnell hatte ich nämlich nicht damit gerechnet.

Das Beste draus machen…

Nach reiflicher Überlegung und Rücksprache mit meinem Vater haben wir uns relativ kurzfristig dazu entschlossen, trotzdem zu heiraten. Zum einen, weil meine Mutter das sicher auch so gewollt hätte. Zum anderen, weil sie immer fehlen würde, egal ob jetzt oder in einem Jahr oder in zehn Jahren. An solch einem Tag fehlt eine Mutter immer! Die kirchliche Hochzeit hatten wir schon früher abgesagt, als uns klar wurde, dass meine Mutter dafür nicht die Kraft hätte. Abgesehen davon war es für meinen Mann und mich auch nicht so wichtig, das wäre tatsächlich nur das Erfüllen von Erwartungen gewesen. (Das spreche ich heute das erste Mal laut aus, bisher habe ich diesen Gedanken tief in meinem Kopf verschlossen gehalten.) Also gab es eine standesamtliche Trauung und einen Polterabend. Und was soll ich sagen? Von diesem Polterabend reden die Leute heute noch! Es war ein rauschendes Fest, ein Fest, das zu uns gepasst hat, bei dem alle unsere Freunde dabei waren, all diejenigen, die uns auf unserem bisherigen Lebensweg begleitet hatten und die diesen Tag für uns zu einem unvergesslichen Tag haben werden lassen. Nicht unsere Hochzeit war der schönste Tag in meinem Leben, sondern unser Polterabend.

Akzeptieren, was man nicht ändern kann

Ich denke, du verstehst jetzt, was ich meine mit „alles hat zwei Seiten“. Und es ist nichts so schlecht, dass es nicht auch für etwas gut wäre. Ich habe damals gelernt, dass es überhaupt nichts bringt, nach dem Warum zu fragen. Manchmal muss man Dinge einfach hinnehmen. Weil es keine Erklärung gibt. Weil es einfach so ist und wir es nicht ändern können. Ich

habe schmerzlich gelernt, das zu akzeptieren, und es hilft mir heute in vielen Situationen.
Dafür gibt es aber auch sehr viele Dinge, die wir ändern können. Unsere Einstellung zum Leben zum Beispiel. Es mag abgedroschen klingen, aber wir haben es in der Hand, ob unser Glas halb voll oder halb leer ist. Und wir haben es in der Hand, aus dieser Welt einen besseren Ort zu machen. Vielleicht können wir keine Kriege verhindern und keine Naturkatastrophen. Wir können auch nicht alle retten.

Die kleinen Freuden im Leben

Aber jeder von uns kann mit kleinen Dingen der Welt ein freundlicheres Gesicht geben. Das fängt dabei an, dass man die Verkäuferin beim Bäcker anlächelt – das geht übrigens auch ganz wunderbar mit Mund-Nasen-Maske, denn ein Lächeln sieht man auch durch diesen Fetzen Stoff durch, man erkennt es an den Augen, an der Körperhaltung, an der Stimme. Oder dass wir einfach mal wieder die Freundin anrufen, von der wir so lange nichts gehört haben. Dass wir der Nachbarin Blumen bringen. Oder jemandem im Supermarkt etwas aus dem Regal geben, an das er selbst nicht herankommt. Das sind alles Kleinigkeiten, die uns nicht weh tun, kaum Aufwand erfordern – aber die eine große Wirkung haben. Und wenn jeder ein bisschen weniger stinkstiefelig ist und dafür ein bisschen mehr lächelt, wenn jeder den anderen so sein lässt, wie er ist, ohne ständig zu verurteilen, dann machen wir diese Welt zu einem besseren, fröhlicheren Ort. Für uns und für die anderen.

Bewusst und dankbar

Aber ich schweife ab... was ich dir mit dieser Geschichte eigentlich erzählen wollte: Das war für mich ein Wendepunkt im Leben, seither lebe ich sehr viel bewusster und dankbarer um jeden Tag, den ich erleben darf. In dieser Zeit habe ich mehr Menschen als nur meine Mutter verloren.

Aber um die ist es nicht schade, denn ihnen war ich nicht wirklich wichtig. Warum also sollten sie mir wichtig sein? Das ist eben eine Art natürliche Auslese. Andere Freunde sind mir noch sehr viel enger ans Herz gewachsen.
Sicherlich wäre einiges anders gelaufen, wenn meine Mutter noch hier wäre. Aber es bringt ja nun auch nichts, daran zu hadern und über das „was wäre wenn" nachzudenken. Viel wichtiger ist doch, was tatsächlich ist und was man daraus machen kann.

Die Richtung stimmte schon immer

Wenn ich zurückblicke auf meine Kindheit, dann ist vieles geblieben – nur die Perspektive hat sich verändert. Eine Zeit lang wollte ich Tierärztin werden. Heute bin ich Dosenöffner für zwei Katzen, die beide Findelkinder sind und bei uns ein Zuhause gefunden haben. Auch Archäologin wollte ich mal werden – und in meinem heutigen Job grabe ich die verborgenen Schätze meiner Kunden aus, um sie in Textform hübsch zu verpacken. Ich habe mich schon immer fürs Reisen interessiert, bis heute. Und ich habe schon immer gerne gelesen und Sprachen gemocht – auch das ist mir erhalten geblieben. Meine Hobbies und Interessen (und genau genommen sogar die früheren Berufswünsche) drehen sich im weitesten Sinne alle um Sprache und Geschichten. Und hier kommt ein Traum ins Spiel, den ich schon lange hege: Ein Buch schreiben. Ein Traum, den ich mir noch nicht erfüllt habe. Ich habe das Gefühl, die Zeit ist noch nicht reif dafür. Das ist keine Aufschieberitis, sondern einfach so eine Intuition. Und wenn ich eines in den letzten vierzig Jahren gelernt habe, dann ist es, auf mein Bauchgefühl zu hören. Denn der Bauch hat immer recht.

Das Leben ist schön

Ja, mein Leben heute ist schön. Nein, es ist nicht perfekt – es wird nie perfekt sein, und das ist gut so. Denn ohne Schwarz kein Weiß, ohne Gut kein Böse und ohne, dass auch mal was nicht so dolle läuft, verliert man auch den Blick für die schönen Seiten. Mir lag auf der Zunge, dass ich für ein schönes Leben nicht viel brauche. Aber wenn ich mal genau nachdenke, dann habe ich verdammt viel! Das Leben ist für mich schön, weil ich das große Glück habe, ein Dach über dem Kopf und einen immer gefüllten Kühlschrank zu haben. Weil ich wunderbare Menschen um mich habe, die mich schätzen und für mich da sind. Weil ich einen Job habe, den ich gerne mache. Weil ich jeden Morgen aufstehen und der Welt ins Gesicht lächeln kann. Weil ich hingehen kann, wann und wo ich will. Weil ich Hobbys habe, die mir Freude bereiten. Weil es mir besser geht als den meisten Menschen auf der Welt.

Um abschließend auch noch auf die Ausgangsfrage „Was will ich wirklich im Leben?“ einzugehen: Ich wünsche mir, dass ich mein frohes Gemüt beibehalten kann, dass ich mich von Stinkstiefeln und Miesmachern nicht unterkriegen lasse und dass ich zumindest bei ein paar Menschen Spuren hinterlassen, etwas Positives zu ihrem schönen Leben beitragen kann. Das ist eigentlich schon alles, was ich mir wirklich wünsche. Alles weitere fällt in die Kategorie „nice to have“, nicht lebensnotwendig, davon hängt mein Glück nicht ab.
Wie siehst du das? Empfindest du dein Leben als schön? Wenn ja, warum? Und wenn nicht, was könntest du ändern, dass du es als schön empfindest?

Die Autorin

Elke Schwan-Köhr ist Texterin, ihre Vision ist es, nur noch #bockstarkeTexte im Internet zu lesen. Dabei hilft sie ihren Kunden, indem sie entweder für sie schreibt, ihre Texte optimiert und zum Strahlen bringt oder ihnen zeigt, wie sie selbst großartige Texte verfassen können. Elke hat schon als Kind mit Begeisterung geschrieben und gibt diese Begeisterung heute auch gerne weiter. Sie ist Optimistin durch und durch, weil eine gesunde Portion Optimismus das Leben leichter und schöner macht.

Webseite: www.federfuehrend-media.de
Facebook: www.facebook.com/FederfuehrendMedia

Nadja Schwind

Wer bin ich wirklich?

Der Wunsch nach einem erfüllten Leben begleitet die meisten von uns. Die Beantwortung dieses Bedürfnisses geht für die Autorin mit der Frage einher: Wer bin ich wirklich? Mit dieser Frage begeben wir uns auf eine spannende Reise zu uns selbst. Wir bewegen uns abseits der Konditionierungen, der Ansprüche unserer Gesellschaft und tauchen ein in unsere innere Welt.

Wer bin ich wirklich?

Ideen, Impulse & Weisheiten zum Thema ‚Was will ich wirklich im Leben' aus den vergangenen Jahrzehnten.

Heute liiieeebe ich mein Leben und das Leben überhaupt. Ich spüre es in meinen Zellen, ich rieche es, ich kann so viele kleine Momente wertschätzen, berührt sein, aber auch meine noch nicht gelösten Themen reflektieren.
Die Frage *„Was will ich wirklich im Leben?"* ist so komplex, individuell und kompliziert wie das Universum selbst. ABER es macht so unendlich viel Spaß zu entdecken und die eigene Magie zu entfachen.
Du kannst nur wissen, was du wirklich im Leben willst, wenn du weißt wer du wirklich bist, wenn DU weißt wie du tickst und wenn du weißt, welche Mechanismen in dir stecken. Wer ist der authentische Mensch hinter der Maske?

Als junges Mädchen habe ich mich lange Zeit gefragt, warum ich ich bin. Ich konnte nicht verstehen, dass ich nicht meine Freundin war oder meine Lehrerin oder irgendjemand anderes. Warum nahm ich mich wahr, warum fühlte ich mich und steckte in diesem Körper? Es war aber auch keine Zeit, in der man Kindern solche Fragen beantwortete, geschweige denn dass ich als Kind diese Frage gestellt hätte. Die Eltern waren mit sich selbst beschäftigt und unter dem damaligen DDR-Regime im tiefsten Kommunismus ging es eher darum, den Leitsätzen der Regierung zu folgen und sich mit dem Leben zu arrangieren.

Es dauerte fast 2 Jahrzehnte, bis ich mir diese Frage wieder stellte, diesmal in einer anderen Form. Ich war schwanger mit der ersten meiner der 3 Töchter. In so vielen Bereichen lief es nicht so, wie ich es mir in meinen Träumen ausgemalt hatte. Weder in der Beziehung zum Vater der Kinder noch das erste Mal Muttersein noch die Beziehung zu meiner eigenen Mutter. Mein aufgebautes (nach Außen cooles und aufregendes) Leben stimmte nicht mit meinem inneren Kompass überein. So entstanden Reibungspunkte, Missverständnisse, Leere und Unzufriedenheit.

Und ich begann noch mehr Fragen zu stellen, die mir halfen zu reflektieren. Zum Beispiel:
Jetzt, wo ich Mutter war wünschte ich mir mehr Nähe zu meiner Mutter. Das Verhältnis war nicht ganz einfach und ich stellte mir dazu viele Fragen.
Die Partnerschaft war ebenfalls alles andere als einfach und auch hier stellte ich mir viele Fragen, warum ich mir genau den Partner ausgesucht hatte.
Als frisch gebackene Mutter wurde ich an meine eigene Kindheit erinnert und war mit meiner ersten Tochter nochmal selbst Kind, alberte mit ihr herum, bastelte unendlich viel, rollte mit ihr den Berg hinunter und war aber nicht wirklich Mutter oder Frau. Meine zweite Tochter brachte mir das Muttersein und die dritte das Frausein.

Am Anfang waren die Fragen zäh. Zäh zu stellen und zäh zu beantworten. Glücklicherweise hat sich die Zeitenqualität geändert und heutzutage gehen die Veränderungen und die Selbstheilung schneller Hand in Hand.

Die Fragen, die du dir stellt, müssen nicht gleich ganz tiefgründig sein. Sie können auch mit Kleinigkeiten anfangen.

Warum macht es mich so wütend, wenn mein Partner meine Ideen nicht hören will?
Warum werde ich so hilflos, wenn die Kinder einfach nicht auf mich hören wollen und mir auf der Nase herumtanzen?
Warum gehe ich so super ungern zur Arbeit, wenn ich weiß, dass heute ein Termin mit meinem Chef ansteht?
Warum fühle ich mich so klein, wenn mein Partner mich maßregelt?
Warum bin ich total frustriert, wenn die Hose vom letzten Sommer nicht mehr passt?
Warum müssen die Kinder um sieben Uhr im Bett sein, obwohl draußen noch schönes Wetter ist und alle anderen auf der Straße spielen?
Warum macht es mich so wütend, wenn meine Mutter mir was empfiehlt und ich finde, dass sie mich bevormundet?
Fühle ich mich wohl in meinem Zuhause? Mit dem Ort und den Menschen darin?

Es sollten aber auch positive Fragen sein, die zeigen, was uns innerlich tief berührt, was uns Spaß macht oder ein positives Lebensgefühl hervorruft.

Wann war ich das letzte Mal tief berührt? Was genau war da und warum hat mich das so berührt?
Wann fühle ich mich voller Energie und Lebensfreude?
Mit welchem Menschen treffe ich mich besonders gern? Und warum? Was ist es genau, dass ich mich wohlfühle?

Bin ich jemand, der gern alleine ist? Wenn ja, warum? Wenn nein warum?
Was für einen Urlaub liebe ich? Ist mir Urlaub wichtig?
Die Liste der Fragen ist endlos weiterzuführen.

Dahinter steht immer ein Bedürfnis.

Oft ein Bedürfnis nach Anerkennung, Wertschätzung, nach Liebe, Zuneigung oder Respekt. Wenn du die Warum-Fragen bis auf das dahinterstehende Bedürfnis stellst, kommst du der Ursache näher.
Denn als Nächstes kommt die Frage: Woher kennst du das? Kennst du das von früher? Wer hat dir zum Beispiel nicht zugehört?

Dann sind wir meist weit in der Kindheit. Dort wurde dieser Glaubenssatz grundgelegt. Ein Bedürfnis wurde damals nicht erfüllt. Und wenn einem jemand jetzt im Erwachsenenalter nicht zuhört, erinnert sich das innere System/das innere Kind genau an diese Situation. Der Partner kann also gar nichts dafür, meint es höchstwahrscheinlich nicht mal böse. Er zeigt nur auf, was noch nicht geheilt ist. Er dient als Spiegel unserer eigenen Themen.

Es geht also auch um einen Perspektivenwechsel, bei dem wir aufhören die Schuld bei anderen zu suchen, uns kritisch selbst hinterfragen, unseren Anteil an der Schieflage erkennen, Eigenverantwortung übernehmen und ein Bewusstsein dafür entwickeln, warum wir so sind wie wir sind. Mit all diesen Aha-Momenten und Verständnis für uns selbst kehrt Ruhe in uns ein. Wir agieren nicht mehr im Nebel, sondern aus einem tiefen Bewusstsein heraus, wer wir wirklich sind und wie wir ticken.
Alle Antworten sind schon in uns, denn alles was wir je im Leben erlebt haben, ist als Information in uns gespeichert. An verschiedenen Punkten macht es aber Sinn, sich die Hilfe von außen zu holen, weil wir – vor allem

am Anfang – verloren im Wald stehen. Meine Arbeit hat das Ziel, die Klientinnen ein Stück bei der Selbstheilung zu begleiten. Jedoch auch, dass sie nicht bei mir hängen bleiben, sondern eigene Tools anzueignen, aus Schieflagen wieder herauszukommen und erst wieder auf mich zukommen, wenn sie alleine nicht weiterkommen.

Ein weiterer Aspekt, um zu reflektieren, ist zu hinterfragen, wenn wir Dinge, Menschen, Verhalten usw. bewerten. Einerseits, weil es mit Glaubenssätzen und unseren eigenen Themen zu tun hat, aber auch, weil es viel mit unseren ureigenen Werten einhergeht.
Was ganz oft passiert, ist, dass uns Werte und ganze Wertesysteme von außen, von anderen übergestülpt werden. Und wir bekommen das nicht mal mit! Entweder, weil es sich eingeschlichen hat, jemand subtil manipulativ wirkt, man es von klein auf anerzogen bekommt, die Gesellschaft es vorgibt usw.

Das hat natürlich zur Folge, dass im Inneren eine Unzufriedenheit herrscht, weil innere und übergestülpte Werte nicht übereinstimmen. Es kommt zu Fremdbestimmung, Verletzungen, Entscheidungsschwierigkeiten, Zweifeln, Unsicherheit. Dann sind wir ständig damit beschäftigt, zu suchen, auszugleichen, gegen den Strom zu schwimmen, uns zu ärgern, getriggert werden, usw.

Wenn wir uns in unserem ureigenen Wertesystem bewegen, stellen sich plötzlich Frieden und Harmonie ein. Weil wir das Gefühl haben, dass wir richtig sind, wie wir sind - egal was die anderen denken. Und das ist auch SELBSTLIEBE.

Wenn wir unsere höchsten Werte kennen, geht es darum, diese auch zu leben. In allen Bereichen. Und das wird uns ein tiefes Gefühl der Zufriedenheit schenken. Durch die eigenen Werte formen sich neue Ziele, die wie ein Kompass im Leben wirken. Wenn Ihr Eure ureigenen Werte kennt, könnt Ihr viel leichter Eure persönlichen Ziele definieren und begegnet viel schneller Gleichgesinnten, Seelenverwandten, Verbündeten, Freunden, Sparringpartnern, etc., die ein ähnliches Wertesystem haben wie Ihr.

Erst wenn wir tief in unser ICH eingetaucht sind, können wir wirklich eine Aussage darüber treffen, was wir im Leben wollen, was uns erfüllt und glücklich macht.

Die Autorin

Nadja Schwind ist in der ehemaligen DDR geboren und aufgewachsen. Ihr war lange nicht bewusst, was das kommunistische System für einen großen Einfluss auf sie hatte. Spannenderweise hat sie sich nochmals ins kommunistische System in China begeben. Dort hat sie 10 Jahre gelebt. Zwei ihrer drei Töchter wurden in Shanghai geboren.
Dazu kommen Kindheitserlebnisse, Traumata, Prägungen und Verstrickungen in der Herkunftsfamilie, die auch in ihrem Leben für viele negative Glaubenssätze und Verhaltensmuster gesorgt haben. Und obwohl die Aufarbeitung am Anfang zäh war, es viel um Ressourcenarbeit und dem Erkennen und Lösen der Problematiken ging, machte doch vieles auf einmal Sinn. Sie lernte sich und ihr Verhalten, innere Saboteure und Widerstände sowie Lebensthemen und Sehnsüchte besser kennen. Schon immer war in ihr ein tiefer Drang, Dinge zu verstehen.
Und über den Weg der eigenen Geschichte entdeckte sie die Liebe zum Coaching. Dadurch hat sie gesehen, wie sehr man sein Leben nachhaltig positiv verändern kann.

Und so begleitet sie heute viele Frauen, die bereit sind, Eigenverantwortung für sich und ihr Leben zu übernehmen und sich die Frage stellen: Wer bin ich wirklich?
Mit ihren Klientinnen spürt sie gemeinsam auf, warum Dinge, Beziehungen oder Lebensbereiche in Schieflage sind. Sie hilft dabei zu reflektieren und innere Heilungsprozesse anzuschieben. Ihre Kundinnen entdecken dabei ihre eigenen Werte und können im Laufe der Zeit Herausforderungen besser allein meistern.

Webseite: www.nadja-schwind-coaching.de
Facebook: www.facebook.com/mumsventure und www.facebook.com/nadja.schwind

Kirsten Wache

Warum es sich lohnt, glücklich zu sein!

Glücklichsein ist so wichtig – doch dazu gehört auch, sich seiner Selbst bewusst zu sein. Warum es sich lohnt, danach zu streben und Du nur Dich selbst dafür brauchst.

Warum es sich lohnt, glücklich zu sein!

Vor einigen Wochen hatte ich im Zug von Berlin nach Hamburg eine interessante Begegnung. Ich sitze im Großraum, Abteil ist mir immer zu eng. Der Wagen ist erstaunlich leer. Die schöne Landschaft Brandenburgs fährt an mir in diesem beruhigenden Takt... ta tam ta tam ta tam... vorbei. Mir gegenüber sitzt eine schmale Frau, sie wirkt sehr kontrolliert, ausdrucksstark und friedlich. War sie schon in Berlin im Wagen? Ich war mit meinen Gedanken beim Einsteigen irgendwie woanders. Welcher Zufall hat uns zum selben Zeitpunkt in das gleiche Zugabteil gebracht? Ich lege meine Kopfhörer rein, natürlich wie immer verkehrt, und will gerade meine Lieblingsplaylist starten, als sie mich anblickt. „Entschuldigen Sie, dass ich Sie anspreche, reisen Sie gerne?“ Sie fragt, als ob es für sie eine besondere Bedeutung hat. Ich werde neugierig „Warum fragen Sie? Ja, doch, ich glaube, ich reise gerne.“ „Gut“, sagt sie und sieht mir wieder direkt in die Augen. „Darf ich Ihnen einen besonderen Ort empfehlen? Ich nehme Sie mit auf die Reise zu meinem Ich, ja?“

Heute bin ich fest davon überzeugt, dass alles, was mir passiert ist, jeder Mensch, der mir begegnet ist, kein Zufall war. Das sollte so sein. Sonst wäre ich heute nicht dort, wo ich bin. Und tatsächlich klarer und stärker als zuvor.

Am Anfang meiner Reise zu mir selbst: Ein wirklich braves Mädchen. Gut in der Schule, ruhig, fleißig, angepasst. Ich habe mir auch so gefallen. Allen anderen natürlich auch, ich war ja pflegeleicht. Jugend, erstes Erwachsenwerden, Ausbildung, Job, Umzug in eine andere Stadt, Heirat, Kinder. Bei allem – ich war glücklich. Doch es gab (Zeit)Punkte, die mich zweifeln ließen. Wenn ich ehrlich bin, schon viel früher, doch ich hatte nicht den Mut, etwas zu sagen. Aus Angst, meine Meinung zu sagen oder jemanden zu verletzen. Vielleicht auch aus Angst, gegen den Strom zu schwimmen.

Interessanterweise bin ich diejenige, der man so viel Stärke zusprach. Kommunikationsstark, empathisch, „Rampensau", schnell einen Draht zu anderen entwickeln zu können. „Dir gelingt doch alles, Kirsten!", „Du kannst Dir jeden Wunsch erfüllen!" Ach ja, kann ich? Selbst wenn es so war – ich habe das gar nicht mehr gesehen, geschweige denn gefühlt. Nach Außen bunt und schillernd, doch im Inneren sah es bei mir oftmals ganz schön leer aus. Warum das so war, habe ich dann vor einigen Jahren verstanden. Die Antwort ist so einfach wie herausfordernd zugleich und in meinen Workshops habe ich es den Teilnehmern oft genug erklärt: Wer tagtäglich gegen seine intrinsische Motivation arbeitet, der kann nicht glücklich sein oder werden. So gab es mehr und mehr Signale zunächst aus meinem Umfeld, dann auch meines Körpers, der deutlich sagte „Ok, bis hierhin und nicht weiter."

Ich nahm eine selbstverordnete Auszeit – das war mein erster Schritt zur Selbstfürsorge oder vielmehr zur Emanzipation. Vielleicht von meinen Eltern (mit Anfang 40!), doch ich glaube auch von mir selbst. Und heftig: Sechs Wochen ohne meine Kinder und meinen Mann. Ohne meinen Job (den hing ich ein ganzes Jahr an den Nagel). Ohne alles das, was so schön ablenkt – würde ich DAS durchhalten?

Die Frau mir gegenüber hält kurz inne. Sie holt tief Luft, als ob sie sich zum weiteren Erzählen damit Mut machen will. Ich schweige und hoffe doch, dass sie weiterspricht. Der Service des Bordrestaurants kommt vorbei. „Kaffee, Tee, Kaltgetränke!“ ruft der Mann laut. Ich bestelle uns zwei Kaffee. „Die Reise von der Sie sprechen, sie scheint wirklich besonders zu sein. Mögen Sie weiter erzählen?“ Insgeheim hoffe ich es. Die Frau mir gegenüber sammelt sich und fährt fort.

Ja, ich HABE es durchgehalten. Es war herausfordernd und schmerzhaft. Am Ende war ich klarer als je zuvor. Ich hatte ein Ziel, mehrere wenn ich ehrlich bin. Übergeordnet: Glücklich sein. Was damit beginnt, ich selbst zu sein. Doch was bedeutet das? Wer bin denn ICH?

Was folgte war weniger schön und erforderte Klarheit, Struktur, sicherlich auch Mut und in erster Linie absolutes Vertrauen, und zwar in mich: Die Trennung von meinem Mann und was noch viel schlimmer wog (für mich), den Kindern das gemeinsame Zuhause zu nehmen. Großer Pluspunkt für uns alle, dass wir im Guten auseinandergegangen sind. Dennoch hat der Schritt Narben bei uns allen hinterlassen, in unterschiedlicher Stärke. Zwei Dinge mussten allerdings zuvor für mich, nur für mich allein, ganz klar sein: Wenn es zu einer Trennung kommen sollte, dann weiß ich, dass die Kinder mich dennoch lieben und sich nicht von mir abwenden würden. Und nur so kann ich „ich selbst und glücklich“ sein. Das kam nicht über Nacht – ich denke, drei Jahre habe ich für diese Klarheit gebraucht. Und Gespräche – mit meinem Mann, mit meinen engsten Freunden, die mich reflektierten. Doch ehrlicherweise habe ich Vieles mit mir selbst ausgemacht. Auch ausmachen MÜSSEN – das gehörte zur Reise zu mir selbst dazu. Weitere Schritte wie Umzug, neuer Job, dann schrittweiser Wiedereinstieg in die Selbständigkeit. Loslassen von Menschen, die mit meiner Entscheidung und meinem „Anderssein“ nicht zurechtgekommen sind. Ja, auch einsame Momente, dieses große

Schreckgespenst von „schaffe ich das alles?“. Doch das Vertrauen in mich, mein Optimismus, meine Töchter, meine Familie und meine Freunde, haben ich immer wieder bestärkt. Und letztlich eine gute Portion Humor!

Die Reise zu mir ist bis heute nicht beendet. Es gab ein paar grobe Stolpersteine auf dem Weg dorthin und ich lache heute manches Mal über mich selbst in Situationen, wo ich denke „Na, hast Du Dir mal wieder eine besondere Herausforderung gesucht? Warum denn das nun wieder?“ Doch ja, ich habe verstanden, das passt zu mir! Mein Leben, mein Ich sind nicht angepasst, einfach und ruhig. Ich brauche es bunt, laut, auch kompliziert, auf jeden Fall abwechslungsreich und unkonventionell.

Ich habe einen für mich großen Preis gezahlt und ich bin mir des Glücks bewusst, dass ich auf der Reise zu mir auch hatte. Und ich fühle mich bis heute reich beschenkt. Doch ich möchte niemals diesen Weg missen, der mich zu dem Menschen gemacht hat, der ich heute bin: Glücklich, und vor allem ich selbst.

Was ich Dir mitgebe: Sei mutig! Egal wie jung oder alt, wie gesund oder krank, wie festgefahren oder völlig losgelöst Du zu sein scheinst. Es gibt keinen Grund, nicht glücklich sein zu dürfen und schon gar nicht sein Ich zu verstecken. Wir alle haben nur eine begrenzte Zeit zur Verfügung und sollten diese bestmöglich nutzen. Und was das Schönste ist: Du bekommst Deinen ganzen eingesetzten Mut in Form von Vertrauen und Liebe zurück. Ob von Deiner Familie und Deinen Freunden, im Job oder „unterwegs“. Und zur Krönung: Dein Spiegelbild lächelt Dich jeden Morgen an und sagt „Danke für Dich“!

Kurz vor Hamburg. Ein plötzlicher Ruck lässt meine Augen schlagartig öffnen. Ich schaue mich unsicher um, ein bisschen benommen. War ich eingeschlafen? Wo bin ich? Wo ist die Frau mir gegenüber? Die Landschaft draußen wirkt vertraut in der Abenddämmerung, immer noch der Takt, ta tam ta tam ta tam. Mit meinen beiden Händen erfühle ich meine Kopfhörer. Gut, zum Glück nicht wieder verloren.
Ich bin gleich da. Angekommen. Zuhause. Bei mir.

Die Autorin

Kirsten Wache ist seit über 20 Jahren im Bereich Human Resources tätig. Als Trainerin, Business-Coachin und Mediatorin arbeitet sie überwiegend mit Teams und jungen Führungskräften. Glücklichsein, sich seiner Selbst bewusst zu sein – immer wieder Themen in ihren Trainings und Coachings. Glück lernt man nicht – man IST glücklich. Doch wie geht das? Vielleicht eine Anleitung zum Mutig- und somit auch Glücklichsein.

Webseite: www.kirstenwache.de

DANKE

Leidenschaftlich gerne, lese ich die Danksagungen von Autoren in ihren Büchern – im Ernst. Und bevor ich mein eigenes Kapitel für dieses Buch überhaupt geschrieben habe, wusste ich bereits, dass in meinem Buch dieser Teil nicht fehlen darf.

Ich BIN dankbar. Das ist mein erstes Buch – als Herausgeberin. Und deshalb danke ich zuallererst allen 29 Autoren und Autorinnen: Ohne euch, würden wir dieses Buch jetzt nicht in unseren Händen halten. Danke, dass ihr eure Geschichten erzählt habt. Danke, dass ihr mir euer Vertrauen in der Zusammenarbeit geschenkt habt, denn die meisten von euch, haben mich erst durch dieses Projekt kennengelernt.

Ich danke der lieben Silvia Berft, die mich zu diesem Buch ermutigt hat und ganz selbstlos schrieb: „Sandra, du weißt ja, wenn du Hilfe brauchst...“. Silvia, mit deiner „kleinen“ Unterstützung hast du mir die Furcht vor dem Unbekannten genommen und mehr möglich gemacht, als du vermutest. Herzlichen Dank dafür!

Ich danke meinen Kundinnen und Kunden. Durch das Vertrauen, das ihr mir schenkt, in dem ihr mir eure Geschichten erzählt, ist mir bewusst geworden, wie viele Menschen in dieser Welt sich die Frage stellen „Was will ich wirklich im Leben?“. Und so viele Menschen glauben, dass sie mit dieser Frage alleine sind. Ihr seid nicht alleine. Ihr seid so wundervolle Menschen und ich bin sehr dankbar und stolz, dass ich euch auf eurem Weg begleiten darf.

Ich habe eine wundervolle Familie und großartige Freunde. Alle, wirklich alle, fanden meine Idee dieses Buch zu veröffentlichen toll und haben mich damit bestärkt und getragen. Ihr habt mir wieder mal gezeigt, dass ich genau die richtigen Menschen in meinem Leben habe. Ich liebe euch.

Von Herzen Danke.

Sandra Liane Braun — Im November 2020

„Wenn wir unser Leben mit Leidenschaft leben,
kämpfen wir mit unserem Herzen:
Wir wagen zu hoffen und zu träumen ohne ein Scheitern zu befürchten.
Ein hohes Ziel beflügelt uns, um eine Welt grenzenloser Möglichkeiten zu umarmen.
Versteckte Talente und Fähigkeiten erwachen im Angesicht der Herausforderung und Begeisterung. Und wir erkennen uns selbst als Menschen
größer und stärker
als wir uns jemals erträumt hätten zu sein."

(Patanjali, indischer Gelehrter, 4. - 5. Jahrhundert v. Chr.)

Über die Herausgeberin

Sandra Liane Braun ist Gedankensortiererin für Menschen die sagen „Ich kann nicht mehr“. Als Expertin für Stressreduktion und Burnout-Prävention begleitet sie Menschen raus aus dem Stress, rein ins Leben. Sandras Kundinnen und Kunden kommen zu ihr ins Einzelcoaching um zu mehr Lebensqualität zu finden. Der Wunsch nach Leichtigkeit im Leben und Gelassenheit im Alltag stehen dabei häufig im Vordergrund. Zeitweise bietet Sandra Workshops oder Retreats in Gruppen an. Unternehmen und Organisationen buchen Sandra für „Raus-aus-dem-Stress“-Vorträge, -Workshops und -Einzelcoaching.

Du möchtest dich mit Sandra in den Sozialen Medien verbinden?
Facebook: www.facebook.com/sandra.l.braun01
LinkedIn: www.linkedin.com/in/sandralianebraun

Kostenlose Angebote:

- Die **„Raus-aus-dem-Stress IMPULSE“** mit wertvollen Tipps und Impulsen, exklusiven Inhalten und einem Geschenk:
  www.sandralianebraun.de/newsletter
- **Checkliste:** „So erkennst Du, ob Du kurz vorm Burnout stehst!“:
  www.sandralianebraun.de/ebook-burnout
- Ein ausführliches **Kennenlerngespräch,** falls du über eine Zusammenarbeit nachdenkst:
  www.sandralianebraun.de/kennenlerngespraech

Das „Ich kann nicht mehr“ Coaching-Programm: Raus aus dem Stress, rein ins Leben:

- *www.sandralianebraun.de/arbeite-mit-mir*

Haftungsausschluss

Dieses Buch ist konzipiert, um Informationen in Bezug auf den behandelten Gegenstand zur Verfügung zu stellen. Der Zweck dieses Buches ist es, zu bilden und zu unterhalten. Es wird unter der Voraussetzung verkauft, dass weder die Herausgeberin noch die Autoren eine psychologische oder gesundheitliche Beratung durchführen und dass die Prozesse in diesem Buch weder psychologisch noch diagnostisch sind. Die dargebotenen Informationen sind kein Ersatz für die professionelle Beratung oder Behandlung durch einen Arzt, Heilpraktiker, Therapeuten oder entsprechende Fachperson.

Dieses Buch enthält Links zu anderen Seiten im Internet. Diese Links wurden zum Zeitpunkt der Erstellung des Buches sorgfältig recherchiert und zusammengestellt. Die Herausgeberin hat keinen Einfluss auf Gestaltung, Aktualität, Vollständigkeit und Qualität der Inhalte der verlinkten Seiten. Sie ist nicht für den Inhalt der verlinkten Seiten verantwortlich und macht sich deren Inhalte nicht zu eigen. Ausschließlich der Anbieter der verlinkten Seiten haftet für deren Inhalte. Diese Erklärung gilt für alle angezeigten Links und für alle Inhalte der Seiten, zu denen die in diesem Buch vorhandenen Links führen.

Weder die Herausgeberin noch irgendein Verkäufer oder Importeur haften gegenüber der Käuferin oder dem Käufer für Fehler und Schäden, die direkt oder indirekt durch dieses Buch verursacht oder angeblich verursacht wurden.

Die Herausgeberin ist bestrebt, in allen Publikationen die Urheberrechte der verwendeten Bilder, Grafiken, Dokumente und Texte zu beachten, von ihr selbst erstellte Bilder, Grafiken und Texte zu nutzen oder auf lizenzfreie Grafiken und Texte zurückzugreifen. Alle innerhalb des Buchangebotes genannten und ggf. durch Dritte geschützten Marken- und Warenzeichen unterliegen uneingeschränkt den Bestimmungen des jeweils gültigen Kennzeichenrechts und den Besitzrechten der jeweiligen eingetragenen Eigentümer. Allein aufgrund der bloßen Nennung ist nicht der Schluss zu ziehen, dass Markenzeichen nicht durch Rechte Dritter geschützt sind! Das Copyright für veröffentlichte, vom Autor selbst erstellte Objekte bleibt allein beim Autor der Seiten. Eine Vervielfältigung oder Verwendung solcher Grafiken, Dokumente und Texte in anderen elektronischen oder gedruckten Publikationen ist ohne ausdrücklich schriftlicher Zustimmung der Herausgeberin nicht gestattet.

Datenschutz

Sofern innerhalb des Buchangebotes die Möglichkeit zur Eingabe persönlicher oder geschäftlicher Daten (Emailadressen, Namen, Anschriften) besteht, so erfolgt die Preisgabe dieser Daten seitens des Nutzers auf ausdrücklich freiwilliger Basis. Die Inanspruchnahme und Bezahlung aller angebotenen Dienste sind – soweit technisch möglich und zumutbar – auch ohne Angabe solcher Daten bzw. unter Angabe anonymisierter Daten oder eines Pseudonyms gestattet. Die Nutzung der im Rahmen des Impressums oder vergleichbarer Angaben veröffentlichten Kontaktdaten wie Postanschriften, Telefon- und Faxnummern sowie Emailadressen durch Dritte zur Übersendung von nicht ausdrücklich angeforderten Informationen ist nicht gestattet. Rechtliche Schritte gegen die Versender von sogenannten Spam-Mails bei Verstößen gegen dieses Verbot sind ausdrücklich vorbehalten.

Printed in Poland
by Amazon Fulfillment
Poland Sp. z o.o., Wrocław

23624899R00130